하느님 안에 숨은 생활

요안느 베르니에 루비니 지음
성 클라라 수도원 옮김

크리스챤

하느님 안에 숨은 생활

차 례

권두언 / 7

제 1 권 하느님의 현존과 그분 섭리에의 온전한 위탁 / 11

1. 매일 아침 눈을 뜨는 첫 순간에 그대 곁에 하느님이 현존하심을 생각하라 …………………………… 11
2. 하느님을 소유하면 다른 모든 아쉬움은 쉽게 견디어낸다 ……………………………………………… 12
3. 하느님의 현존과 고독은 어디에서나 누린다 ………… 14
4. 마음이 깨끗할수록 하느님은 더 맑게 투영된다 ……… 16
5. 하느님의 현존은 우리에게 성실과 삶의 질서를 요구한다 ……………………………………………… 18
6. 하느님의 현존은 고통 중에도 누릴 수 있다 ………… 20
7. 우리 안에 하느님이 현존하시면 우리는 그분의 뜻 안에서 즐겨 기도하는 동시에 기쁘게 일하게 된다 …… 23
8. 하느님 홀로 모든 것이고 그 외에는 아무 것도 아니다 …………………………………………………… 25
9. 우리는 어디에서 하느님을 가장 잘 만나는가? ……… 27
10. 우리는 하느님의 섭리에 온전히 위탁해야 한다 ……… 29
11. 모든 것에 무관심하고 오직 하느님 마음에 드는 것을 추구하라 …………………………………… 30
12. 하느님의 현존 앞에서 큰 경외심을 가져라 ………… 33

13. 하느님의 자녀들은 하느님의 거룩한 영(靈)에 의해
    인도된다 ································· 35
14. 하느님께의 온전한 위탁은 이 지상의 천국이다 ········· 38
15. 하느님의 뜻을 실천함으로써 그분을 기쁘게 하는
    것이 우리의 가장 큰 즐거움이다 ····················· 40
16. 하느님의 현존이 우리 안에 지속되도록 그분의
    완전하심을 묵상하라 ······························· 43

제 2 권 모든 생활환경에서 예수 그리스도와의
    내외적 동일화 / 51

1. 참된 그리스도인 생활의 본질과 탁월함에 대하여 ······ 51
2. 참된 그리스도인 생활의 탁월함과 그 단계 ·············· 56
3. 영성 생활에는 성실하고 진지한 자세가 요구된다 ········ 60
4. 영성 생활의 기초는 믿음과 사랑으로 예수 그리스도와
   하나되는 것이다 ··································· 65
5. 예수 그리스도의 생각과의 일치, 그리고 그분의
   정신에 대하여 ····································· 69
6. 예수 그리스도의 숨은 생활을 본받음으로써,
   그분과 같아짐에 대하여 ····························· 76
7. 가난을 사랑하신 예수 그리스도의 숨은 십자가
   생활을 본받음으로써 그분을 닮음에 대하여 ············ 83
8. 멸시에 대한 사랑으로 예수 그리스도의 숨은 십자가
   생활을 본받음으로써 그분과 닮아가는 것에 대하여 ······ 89
9. 고통을 사랑하신 예수 그리스도의 숨은 십자가
   생활을 본받음으로써 그분과 닮아가는 것에 대하여 ······ 93

10. 예수 그리스도의 외적 고통에 동참함으로써 십자가의
    삶을 본받고 그분과 닮아지는 것에 대하여 ·············· 100
11. 예수 그리스도의 내적 고통에 동참함으로써 십자가의
    삶을 본받고 그분과 닮아지는 것에 대하여 ·············· 106

제3권 내적 생활에 대하여 / 112

1. 자신의 내면을 어떻게 바라볼 것인가? ··············· 112
2. 내적 집중과 예수님 곁에 머물러 있는 법 ··············· 117
3. 어린이같이 단순하게 하느님과 성령의 인도를
   받을 것이다) ··· 121
4. 내적 기도와 이를 위한 우리의 자세 ··············· 126
5. 내적 기도 중에 삼가야 할 점 ························· 130
6. 관상 기도와 그 작용 ···································· 135
7. 내적 기도에서의 여러 가지 체험 ··················· 140
8. 거룩한 내적 고요 중에 자신을 드러내시는 하느님 ······ 146
9. 이 세상에서 가장 큰 행복은 하느님의 현존을 느끼고
   그분과 하나되는 것이다 ································ 150

제4권 영성체에 대하여 / 156

1. 영성체의 준비 ·· 156
2. 영성체 때 가져야 할 내적 자세 ····················· 160
3. 영성체 후에 드리는 감사 기도 ······················ 162
4. 영성체의 효과 ·· 164
5. 영성체로 이루어지는 하느님과의 완전한 결합 ········· 167

6. 지존하신 성체는 힘과 사랑과 생명이 넘치는
   천상 양식이다 ··· 169
7. 지존하신 성체는 최고선(善)에의 갈망을 일깨운다 ······ 172

역자후기 / 175

권 두 언

이 책자가 「하느님 안에 숨은 생활」이라는 명칭을 갖는 것은 그럴 만한 이유가 있다. 이 책은 내적이고 영성적이며, 고독하고 숨은 생활 안에서 하느님과 친교를 이룰 수 있도록 효과적인 가르침을 준다. 또한 인간의 사고력으로 깨달을 수 없는 것뿐만 아니라 마음의 순박함과 초자연적인 비추심을 아직 얻지 못한 영혼들에게까지도 감추어진 진리를 깨우치도록 도와준다.

이 책의 저자는 요안느 베르니에 루비니이며, 그는 프랑스 노르만디의 귀족이었다. 그의 귀족적이고 훌륭한 성품과 숙련되고 예리한 정신력은, 그를 일찍이 젊은 나이에 큰 영예와 높은 명성에로 이끌었다. 그는 왕의 고문관으로 불리움을 받았고, 왕실의 재정관리장으로 임명되었다. 그러나 하느님은 그를 더욱 더 위대한 데로 이끄셨다. 은총은 이 훌륭한 사람에게 세속적 명성의 변화무쌍함을 깨닫게 했으며, 자신을 남김없이 오로지 하느님께 바치도록 감화시켜 주었다. 루비니는 하느님의 이 설득에 무조건 성실히 순응했다. 57세까지 그는 거룩하고 고독한 삶을 영위하였다.

하느님 대전에서의 내적 생활과 구원의 길에서 빛을 받아 살아온 그의 생활에 대해서는 그가 남긴 저서들이 잘 증명해 주고 있다. 그의 외적 활동에 대해서는 그가 현세적인 재물을 영육간으로 가난한 이웃들에게 아낌없이 나누려고 노력하였다는 것만이 알려져 있다. 또한 하느님께서는 그를 내적 생활에 있어 많은 영혼들을 가르치고 인도하여 지도하는 도구로써 사용하셨다. 그 밖에 루비니는 고독을 지극히 사랑하였으며, 사람들과의 교제에 그다지 신경을 쓰지 않았다. 무분별한 사람들과 하느님을 믿지 않는 사람들과의 교제는 보다 더 중요한 것을 위하여 부득이한 경우 이외는 피하였다. 그리하여 그는 외부적으로 중요한 일을 해결해야 하는 경우에도 다른 사람들과의 담화 중에 그의 심실(心室)을 결코 떠나지 않았다고 전해졌다.

그의 거룩한 생활의 목격자인 박식한 위에티우스(Huetius) 주교님께서는 그에 대해 다음과 같은 증언을 하셨다. "루비니는 프랑스 왕실의 재정관리장이라는 고관 직위를 포기하고 도시 가운데에 소음을 피해 고독한 거처를 마련하고 자신과 뜻을 같이 하는 몇몇 사람들과 함께 공동생활을 하였다. 그는 하느님께 봉사하는 일과 가난한 사람들을 돌보는 일에 완전히 몰두하였으며, 여러 가지 방법으로 인간의 복지를 장려하려고 노력하였다. 그의 표양을 통해서, 그리고 그의 확고부동한 불변의 경건한 생활로 인해 그가 얼마나 열렬하게 하느님의 나라를 전파하였는지는 말로 다 표현할 수가 없다."

루비니는 1659년 5월 3일, 복된 죽음을 맞이했다. 그는 대단히 무거운 십자가와 고통의 상태에 있었지만 단 한순간도 기도에서 떠나지 않은 상태로 임종을 맞이했다. 그때 그는 57세였다. 그의 영혼은 진정한 삶이신 하느님과 완전히 결합하기 위해 육신에서 떠난 것뿐이다. 이것은 그가 저녁 기도 때에 하느님께 잠심되어 있을 때에 일어났다. 어떤 병이나 본성의 나약함이 죽음을 초래한 것이 아니다. 그는 하루종일 어떠한 고통도 느끼지 않았는데, 기도를 시작할 때도 마찬가지였다. 일상적인 기도 시간이 이미 지났는데도 그가 쉬러 가지 않았기 때문에 하인이 그를 재촉하러 갔다. 그러나 하인은 기도하는 자세로 장궤하고 있는 주인을 발견하였다. 그에게 말을 건네려 하였으나 그의 영혼은 육신을 떠나 영원한 본향으로 갔음을 직감했다.

이렇게 하여 그는 이 복된 순간에 죽음에서 새로운 삶으로 옮아갔던 것이다. 하느님께로 돌아가기에는 그의 육신이 아직 쇠진하지는 않았으나, 하느님의 뜨거운 사랑의 포옹으로 인해 눈에 띄지 않게 육신의 끈이 끊겨졌음은 의심할 여지가 없었다. 이렇게 그는 주님 안에 평온하게 잠들었으며, 원숙한 열매로서 힘들이지 않고 영원히 하느님의 품 안에 안기게 되었다.

루비니 자신이 그의 생애를 기록하였으나 그것은 출판되지 않았다. 비추임을 받은 그 글은 루비니가 죽은 후에야 대부분 그의 편지에서 수집하게 되었다. 이 편지의 짧은 내용과 목적은 예수 그리스도와의 내외적 동일화이다. 특히 가난과 멸시와 고통을 사랑하시는 그분과의 깊은 내적 친교, 끊임없는 마음의 기도, 그분의 현존 앞에 어린이와도 같이 노닐음으로 이루어지는 하느님과의 합일에 있다.

복음의 유일한 목적, 복음의 가장 핵심적인 진리에 대하여 저자는 독자의 마음을 설득시키려고 열성을 다해 꾸밈없는 단순함으로 이 글을 썼다. 여기에서는 하느님의 사랑하는 마음과 자신의 실제 체험을 말함으로써 구원을 갈망하는 영혼은 그것을 알아 듣게 되어 진리가 마음 속 깊이 스며들게 될 것이다. 바라건대 오늘의 우리 시대에도 이 책에서 그런 맛을 발견하는 영혼이 있기를!

그러나 만일 그 누가 진리나 표현을 깨닫지 못했다고 하더라도 그것에 대해 논하려고 할 것이 아니라 적어도 그가 좋다고 느끼고 깨닫는 것을 보존하도록 하고 그것을 독자 자신이 먼저 실천하도록 노력해야 할 것이다.

그렇게 되면 시간이 흐름에 따라 그밖의 모든 것은 분명해지고 쉽게 깨닫게 될 것이다.

제 1 권

하느님의 현존(現存)과 그분 섭리에의 온전한 위탁

1. 매일 아침 눈을 뜨는 첫 순간에 그대 곁에 하느님이 현존하심을 생각하라

 매일 아침, 눈을 뜨는 첫 순간에 그대 생각은, "하느님은 여기 계신다"여야 한다. 그리고 "우리는 그분 안에서 움직이며 살아간다"(사도행전 17:28). 그러나 우리는 거의 하느님을 생각하지 않는다. 이것이 얼마나 바보스럽고 어처구니없는 일인지! 그리고는 또 졸음에서 졸음으로 떨어지듯이 영혼은 밤에도 낮에도 깨어 있지 못한다. 밤에는 잠을 자기 때문에 하느님을 잊어버리고, 깨어나서도 그분을 생각하지 않고 망각 속에서 그냥 시간을 보내게 된다. 잠에서 깨어나 눈을 떠야 할 때가 왔다(로마서 13:11 참조). 예수 그리스도와 함께 깨어 있지 않으면 우리는 세상과 함께 잠자게 된다.
 예수님과 함께 깨어 있다는 말은 '그분의 삶을 산다'는 뜻이다. 그분이 생각하시는 것처럼 생각하고, 그분이 행하시는 것처럼 행하고, 그분이 고통받으신 것처럼 고통받는 것이다. 명예·행운·평안 등은 우리로 하여금 하느님을 잊어버리게 하며, 영적 졸음을 오게 하는 것이다. 그래서 우리는 이러한 것들을 위험물(장애물)로 여겨야 하며 예수님과 더불어 그 반대의 것들, 즉 아픔·고통·수치… 등을 사랑해야 한다.

하느님께서 이른 아침 그대 영혼에 당신의 현존을 드러내 보이시면, 그대는 이것을 잘 보존하고 하루 동안 잘 가꾸어야 한다. 그러면 여러 가지 일에 부딪치게 되더라도 많은 열매를 맺게 될 것이다(요한 15:2 참조). 그대의 영혼은 평화나 싸움, 단 것이나 쓴 것, 휴식이나 일 등 하느님이 보내시는 모든 것을 받아들이게 될 것이다. 그대는 자신을 하느님 안에 잠기게 하여 그분 안에서 한결같이 머무는 것, 이것보다 더 좋은 일을 할 수는 없을 것이다.

2. 하느님을 소유하면 다른 모든 아쉬움은 쉽게 견디어낸다

하느님은 내 안에 계시고 나는 그분 안에 있다. 그분은 측량할 수 없고 또한 끊임없이 내 안에 현존하시기 때문에 아무것도 나를 그분에게서 떼어놓을 수가 없다. 그분과 끊어질 수 없는 이 결합 속에서 내 마음은 너무도 행복하기에 내가 가장 사랑하는 피조물이 나에게서 떠나갔다 하더라도 결코 나를 슬프게 할 수는 없는 것이다. 나에게서 모든 것이 멀어지면 멀어질수록 나는 하느님과 더욱 가까워지기 때문이다. 비록 거룩하게 생각되는 것이더라도 그 자체에 애착을 두지 않을 때 내 마음은 더욱더 하느님과 일치하게 되어 넘치는 기쁨으로 충만하게 된다. 하느님을 찾았다는 것은 얼마나 풍요로운 것인가! 모든 피조물을 포기하고 없는 것처럼 초연하지 않고서는 하느님을 발견할 수가 없다. 만일 어떤 영혼이 사랑하는 사람을 잃었거나, 그 사람이 곁에 없는 것에 대해 계속해서 한탄한다면 그 영혼은 아직도 하느님을 올바르게 모르는 것이다.

물론 하느님께 다다르는데 피조물이 도움은 될 수 있다. 그러나 오로지 하느님만을 발견한 자는 피조물을 더 이상 찾지 않는다. 하느님을 찾는 자는 어떠한 피조물에서도 그 감미로움을 찾을 수가 없다. 내가 당신을 찾았기에 "오 나의 하느님이시여, 나는 결코 당신을 놓치지 않겠습니다"(아가 3 : 4 참조). 얼마나 많은 성인 성녀들이 하느님의 현존 안에 머물기 위해 모든 피조물과의 교제를 끊고서 고독한 삶을 살기 시작했는지…! 에집트의 마리아는 자신의 조물주 하느님만을 찾아 얻기 위하여, 모든 피조물을 끊고 자신의 기억 속에서조차 그들을 잊어버리기 위해 외롭고 황량한 사막에서 47년간 은둔 생활을 하였다. 그녀는 모든 피조물로부터 온전히 이탈하여 유일하신 하느님과 하나가 되었다. 그러나 이러한 경지에 이르기까지 그녀는 자신과 다른 것으로부터 많은 고통을 받아야 했다.

우리의 모든 것이 되시기를 원하시는 하느님은 우리에게 갖가지 고통을 주시면서 우리를 모든 피조물로부터 멀리 떼어 놓으신다. 그렇기 때문에 하느님의 종들의 생애는 내외적으로 많은 시련을 겪는 것으로 일관된다.

홀로 변함없이 지고하신 그분 외에는 그들이 아무것에도 애착하지 말고, 아무 것도 자기 것으로 하지 않도록 하기 위함이다.

하느님의 사람들은 수많은 운하와도 같다. 이 운하를 통해 많은 물이 지나가고 선박들의 왕래도 가능하듯이, 주님께서는 이들을 통하여 우리에게 은총과 빛을 보내시고자 하신다. 예수 그리스도는 모든 선의 원천이시며 이 선은 흔히 하느님의 사람들을 통해 우리에게 온다. 그러므로 거룩한 사람과의 친교는 큰 이득이기도 하며 한 영혼을 깊은 내적 생활에로 나아가게 해준다.

그러나 한 영혼이 하느님을 이미 찾았다면 이러한 성인에 대한 애착도 결국은 이익이 되지 못한다. 하느님의 현존을 누리기 위하여 거룩한 사람과의 친교를 끊는 것은 결코 손해가 아니며 오히려 순수한 이득이 된다. 창검에 찔리운 예수님의 늑방은 흠숭할 상처이며, 이 상처를 통해 지극히 거룩하신 예수님의 마음은 그 어떤 인간이나 성인이 해 줄 수 없는 방법으로 우리에게 말씀하신다.

《나의 하느님! 당신은 내 영혼의 깊은 곳에 숨어 계시나이다. 완전한 고요와 고독을 떠나서는 당신 자신을 우리에게 드러내 보이시지 않나이다. 나의 주님이시여, 모든 피조물로부터 나를 더욱 이탈하게 해 주시고 세상 재물에는 인연이 먼 아주 가난한 자가 되게 해 주소서!》

3. 하느님의 현존과 고독은 어디에서나 누린다

하느님의 현존과 위대하심에 대한 생생한 느낌을 우리는 어느 곳에서나 보존할 수 있다. 대도시의 인산인해 속에서도 우리는 피조물로부터 떠나서 가장 외진 사막에서처럼 오로지 하느님과 더불어 친밀하게 지낼 수 있다. 피조물에게 애착이 없는 사람은 하느님 외에 아무 것도 소유하지 않는다. 그에게는 하느님만이 전부이고 하느님을 어디에서나 소유할 수 있다는 것을 그는 알게 된다. 그에게 있어 장소는 그다지 중요하지 않다. 만일 우리가 멀리 떨어져 있는 세속의 친구 때문에 슬퍼한다면, 그것은 우리 안에 계시는 (마태오 28:20 참조) 하느님의 위엄을 손상시키는 것이다. 이것은 곧 "당신 한 분만이 나에게는 충분하지 않습니다"라고 하느님께 말씀드리는 것이나 조금도 다름이 없는 일이다.

우리 안에 하느님의 현존에 대한 믿음이 언제나 생생하고 효과적이기 위해서, 우리는 모든 피조물로부터 이탈하여 살도록 힘쓰자. 필요하다면 피조물에 대한 추억까지도 버리자.

모든 피조물들을 포기하지 않고는 하느님을 완전히 소유하고 맛들일 수가 없다. 하느님 자신이 가끔 여러 가지 손실이나 질병을 통해서 우리로 하여금 모든 피조물들로부터 멀어지도록 해 주신다. 친구에게 배반당하고 버림받을 때 우리는 곤경에 처하게 되고, 하느님께서 우리에게서 느낄 수 있는 은총의 위로를 거두어 가시면 일반적으로 우리는 사랑에 찬 그분의 뜻을 이해하지 못한다. 우리는 고통이 가장 큰 불행이나 되는 것처럼 생각하고 그것을 피하려 들며 흔히 온갖 방법과 수단으로 재난을 막으려고 한다.

그러나 우리는 고통과 불행이 하느님을 확실히 발견할 수 있는 방법이고, 길임을 모르고 있다. 우리가 피조물로부터 멀어지고 떠나게 되면 될수록 그분은 우리에게 더욱 더 가까이 계신다. 어떠한 피조물에도 집착하지 않고 어떠한 일에도 참견하지 않으며, 오직 하느님의 뜻과 그의 법규에만 몰두하는 영혼은 내적 섬세함에 변화를 일으키지 않는다. 우리 안에 하느님의 현존하심을 느낄 수 있는 그 빛으로 영혼은 외적인 직무 중에서도 하느님의 뜻을 알 수가 있다. 그리고 하느님의 뜻만을 원하기에 하느님께 어린이다운 자녀의 정으로 순명하며, 그는 피조물에 접근해야 할 때도 거의 하느님 뜻에 맡기곤 한다. 하느님을 맛들이는 것에나 이웃에게 봉사하는 데 있어서 그분의 뜻에 맞도록 자신을 내어 맡긴다. 하느님의 마음에 들고, 그분 뜻을 행하는 것 외에 그 영혼은 아무 것도 찾지 않기 때문에 양쪽의 것이 다 좋기만 하다. 그는 하느님 안에서 쉬는 것보다 하느님 자체를 더욱 좋아한다. 이러한 영혼은 하느님의 달콤한 평화에 아주 감동되었기 때문에 아무것도 자의(自意)나 혹은 감관적인 즐거움으로 하지 않는다. 외적인 일들이 그를 유혹할 수 없게 된다.

자신이 무한한 사랑으로 가득차 있기 때문에, 말하거나 듣거나 먹는 것과 변화 무쌍한 것들을 보는 것도 때로는 짐스럽기만 하다. 그분의 보화가 있는 내면으로 그의 생각과 마음이 쏠리게 된다(루가 12:34 참조). 모든 것을 떠나서 더욱 더 진정으로 그리고 경외심에 찬 마음으로 하느님의 현존 가운데 머물고 싶은 강한 열망은, 때때로 장님·귀머거리·벙어리…가 되고 싶은 충동을 마음 속에 생생하게 불러일으키기도 한다. 이는 내 영혼이 가끔 하느님의 현존을 잊어버리고 오관의 창문을 통해 외출하여 피조물 가운데 떠돌아다니는 것을 체험하기 때문이다. 영혼이 하느님 안에만 머물러 있도록 우리는 오관의 창문을 닫아두어야 한다.

4. 마음이 깨끗할수록 하느님은 더 맑게 투영된다

태양이 맑은 샘물 속에 환히 비추듯, 하느님께서는 때때로 자신을 우리 영혼 깊숙한 곳에 거울처럼 비추어 주신다(Ⅱ 고린토 3:18 참조). 그대의 마음 속은 무한히 순결해야 하며 큰 평화가 깃들어 있어야 한다. 입김이 거울을 흐리게 하듯이 각자의 자유의지로 범하는 불완전한 행위는 영혼의 순결을 흐리게 한다. 가장 작은 동요가 물을 흐리게 하여 물에 비치는 태양의 자취와 빛을 지워 버리듯이, 현존하여 계시는 하느님의 시선을 잃게 하는 여러 가지 분심이나 피조물에 대한 애착도 이와 같다.

하느님이 영혼 안에서 빛나게 되고 자신을 드러내 보이실 때 만일 그 영혼이 그분을 바라보지 않는다면, 그는 행복을 잃어버리고 만다. 물 속에 비치는 태양과 길에 오가는 사람을 동시에 관찰하는 것은 불가능한 일이다. 그 사람이 당신의 가장 친한 친구이더라도 눈을 그곳으로 돌리지 말고 지나가게 내버려 두어라. 그렇지 않으면 그대가 가장 사랑하는 분이 그대에게서 얼굴을 감추어 버릴 위험이 있다. "입을 열 때가 있으면 입을 다물 때가 있다"(전도서 3 : 7). 이처럼 행복스러운 순간은 모든 피조물에게 잠잠하고, 그대 안에 계시는 하느님께로만 시선을 돌림으로써 영광을 드려라.

그대 영혼의 깊은 곳에 가까이 계시는 하느님을 발견하기 위하여 자신을 그분과 더불어 감추고, 정신을 집중하고, 잠심(潛心) 중에 있어야 한다. 그러기 위해 그대에게는 주위가 고요하고, 그대 자신과 감각에 장애가 없는 혼자 만의 밤 시간이 가장 유익할 것이다. 우리는 하느님이 영혼 안에 계시면서 친밀하게 우리를 바라보신다는 것을 알면서도, 얼마나 자주 그분을 혼자있게 버려두고 우리의 눈을 그분에게서 돌려버리고 마는지! 이는 마치 특혜를 받아 왕실에 들어가서 왕과 알현하는 동안에, 등을 돌려 창 밖의 지나가는 사람들을 바라보는 사람과도 비슷하다. 하느님의 현존을 느끼는 영혼은, 하느님의 현존에 대한 믿음의 결핍이 빚어낸 경솔과 불손을 죽음보다도 더 두려워한다. 가장 미소한 말도 하느님께로 향하지 않을 때 우리는 견디어 낼 수가 없는 것이다. 하느님을 즐기는 한순간이 우리에게는 전 세계를 즐기는 것보다도 더 가치가 있다. 모든 피조물 안에는 하느님과 비슷한 것이 아무 것도 없음을 우리 영혼은 완전히 확신하게 된다. 우리 영혼은 가끔 다윗 왕과 함께 "하느님! 누구 있어 당신과 같으리이까?"(시편 70:19=최민순 역) 하고 외치게 된다.

하느님의 면전으로부터 멀리 떨어져 있는 것처럼 보이고, 자기 주위가 차갑고 어두운 암흑 속에 처해 있더라도 그분의 공의하심을 흠모한다. "우리는 하늘의 시민입니다"(필립비 3:20) 하늘의 시민은 하느님 안에 있고 하느님은 우리의 천국이기 때문에 나는 그분 안에 살아야 한다. 그분을 관상(觀想)하기 위하여 나는 창조되었다.

《나의 하느님! 내가 당신만을 위하여 살 수 있고 당신에게만 몰두하도록, 세상에 있어서 죽은 자 되도록 은총을 주십시오!》 (갈라디아 2:19 참조).

5. 하느님의 현존은 우리에게 성실과 삶의 질서를 요구한다

하느님이 영혼 안에 거처하시면서 자신을 드러내 보이는 동시에 당신의 현존을 느끼게 해 주시고 합일의 기쁨을 누리게 해 주시는 하느님께 영혼은 성실해야 할 거룩한 의무가 있다. 이러한 영혼은 불리움을 받지 않는 일에, 그리고 필요하지 않는 일에 관여해서는 안된다. 그는 자기 일의 결과에 대하여 염려할 필요 없이 하느님의 뜻을 채워드리는 것에만 관심을 두어야 한다. 일이 비록 좋지 않은 결과를 가져오더라도 성공적인 때와 마찬가지로 주님은 항상 함께 하시기 때문이다. 우리는 피조물보다 하느님과 더욱 친밀히 지내야 하며 항상 하느님과의 일치 상태를 유지하는 것이 가장 중요하고 그 이상의 일은 없다는 것을 믿어야 한다. 인간의 마음에 들기 위해 하느님으로부터 멀어져서는 안 된다. 또한 인간과 사귀는 기회를 하느님과 친교하는 시간보다 더 중요시해서도 안된다.

 하느님의 섭리하심에 온전히 자신을 내어 맡겨야 하며, 기쁜 마음으로 가난과 어려움, 고독과 고통 등을 받아들여야 한다. 본성적인 욕망의 지배에 따르려 하지 말고, 사도 바울로처럼 그리스도를 위해서 모욕을 당하고 약해지는 것을 큰 기쁨으로 여겨야 한다(Ⅱ 고린토 12 : 10 참조). 영혼은 하느님의 손 안에 모든 것을 완전히 맡기고 침착해야 하며, 양초를 만들 때 모형 안에 부어지는 부드러운 촛물처럼 유연하게 하느님의 손 안에서 다루어지기를 원해야 한다. 만일 하느님께서 그대에게 아무것도 허락치 않으시고 본성이 가장 좋아하는 것들을 사정없이 끊어버리신다면 "비록 순수한 기쁨이라 하더라도" 그대는 하느님께서 원하실 때까지 겸손되이 그 가련한 상태에 그대로 머물러 있어야 한다. 하느님이 아닌 다른 어떤 것에나, 하느님으로부터 오지 않는 것들에는 초연해야 한다. 이렇게 가난해진 영혼은 얼마나 하느님의 마음에 드는 거처가 되는고! 하느님께서는 항상 그 영혼 안에 머물러 계시는 것이 또 얼마나 큰 기쁨일까!

 그러나 만일 한 영혼이 자기 안에 현존해 계시고 맛들여 있는 그분을 떠나야 한다면 그 고통은 또 얼마나 클 것인가? 나의 하느님! 아무 것도 당신의 현존을 앗아갈 수 없는 그곳에 나는 언제나 도달하겠습니까? 십자가를 통해서가 아니고는 결코 어떤 방법으로도 하느님의 현존을 맛들이는 데 이르지 못할 것이다. 영광 중에 계시는 예수님과 결합되기를 원하는 사람은 고통 받으시고 십자가에 못박히신 예수님과 일치해야 한다. 즉 이 두 가지가 병행되어야 한다.

"우리가 그리스도와 함께 죽었으니 또한 그리스도와 함께 살리라고 믿습니다"(로마서 6:8). 용기를 내어라! 기쁨을 누리는 것보다 고통받는 것을 더욱 사랑하도록 힘쓰자! 영원토록 기쁨을 누리기 위해서 시간이 있지 않느냐! 우리는 이 짧은 생애 동안만 고난받으면 되는 것이다(로마서 8:17 참조).

6. 하느님의 현존은 고통 중에도 누릴 수 있다

완덕이란 인간이 내외적으로 항상 평화 중에 머물러 있는 동안에만 존재하는 것이 아니다. 예수께서 "너희가 내게서 평화를 얻으리라"(요한 16:33)고 말씀하셨다. 세상은 고난투성이다. 나는 지금까지 이것을 이해할 수가 없었다. 내가 하느님께로 마음을 향하지 못했을 때 작은 고통들은 그분의 현존을 맛들이는 데에 방해가 되었다. 나는 고통이 없는 영혼만이 이 기쁨을 누릴 수 있다고 착각하였기 때문에 나에게 고통이나 어려움이나 슬픔이 닥쳐 왔을 때, 하느님을 맛들이기 위해 가능한 한 빨리 그것들로부터 벗어나려고 했었다.

그러나 이제 모든 고통은 나를 하느님과 더욱 깊이 결합하는 한 수단이 되었다. 나는 고통이나 슬픔들을 기꺼이 받아들이고 내 안에 거하시는 하느님께 희생으로 바친다. 예수님께서도 바로 그렇게 하셨다. 영원한 말씀과 결합하셨던 예수님의 인간성은 자신을 낮추고, 가난과 아픔 등을 자신의 천주성에 끊임없이 희생으로 바치셨다. 하지만 그분의 천주성은 인성이 고통 중에 계실 동안 당신이 누리고 있는 천상적 감미로움을 인성에도 전달하고 계셨다. 이러한 방법으로 하느님께서는 당신의 영광을 영혼들에게도 드러내신다.

그분은 영혼의 한 부분은 당신의 현존 체험으로 깊은 평화 중에 머물게 하신다. 그러나 이와 동시에 영혼의 다른 부분은 불안과 고통으로 망가뜨리고 십자가에 못박히게 하시는 것이다.

하느님께서는 당신의 현존을 언제나 이러한 모습으로만 드러내시지는 않는다. 어떤 때는 오성과는 관계없이 단순한 믿음 안에서 하느님을 바라보고, 그분과 함께 결합할 수 있는 고요에 드러내시기도 하고 때로는 영혼이 현존하신 하느님의 위대함에 대한 비추임을 받기도 한다. 이 빛 가운데 영혼은 거룩한 두려움으로 하느님을 흠숭하게 된다. 그리고 곧 그 영혼은 확신을 가지고 자기 안에 하느님이 가까이 계심을 인식하게 된다. 경외심과 사랑 속에서 영혼은 자신의 전존재를 바쳐 하느님의 영광을 노래하게 된다. 이러한 모든 과정을 통해서 영혼은 무한한 평화를 누리고 천상적인 합일의 경지에 도달하게 된다.

우리가 받을 수 있는 어떤 위로보다도 십자가와 고통이 우리를 훨씬 더 온전한 하느님과의 일치에로 이끌어 준다(Ⅱ 고린토 7 : 4 참조). 이 하느님과의 일치가 우리 감성을 둔감하게 해 준다면 얼마나 좋을까! 그러나 우리 감성은 자기 자신만을 사랑하고 메마름과 고통 중에, 그리고 십자가에 못박힌 채 주님과 결합하는 일에는 흥미를 나타내지 않는다.

정화의 길을 통해서만 우리는 가장 높은 완덕의 경지에 이르게 되며 피조물에 대한 완전한 이탈과 죽음을 통해서만 완덕의 길에 흔들림 없이 꿋꿋할 수 있다. 바로 이것이 십자가에 못박힌 상태에서의 합일이다. 이때 영혼은 자기 자신의 힘으로는 아주 작은 일도 할 수 없고 자신에게서는 어떤 즐거움도 발견할 수 없고 오직 하느님의 원의에만 자신의 행복이 좌우된다. 그렇기 때문에 영혼에게는 모든 것이 헛되고 오직 하나 열망하던 하느님 사랑에는 한 몫도 차지할 수 없다고 생각한다.

하느님을 사랑하면서도 자기가 참으로 사랑하고 있는지를 모른다는 것은 더할 나위 없이 딱하고 비참한 일이다. 이 때에 영혼 자신에게는 더없이 한탄스러운 일이지만 하느님은 그 영혼을 기꺼운 눈으로 바라보신다. 이 세상에서 가장 위대한 것은 한 영혼이 십자가에 못박히는 고통을 통해 천주 성자의 수난에 동참하게 되는 것이며, 하느님께 대한 사랑에서 완전해지는 것이다.

"성덕(聖德)의 결정적인 표지는 외적 활동의 위대함에 있지 않고, 말이나 글을 통해 예수님의 가르침을 설파하는 위대함에도 있지 않고, 오직 용감하게 십자가를 지는 위대함에 있는 것이다"(프란츠 바이스 신부의 말씀 중에서). 이 진리는 십자가에 못박히신 예수님의 제자들에게 특별히 위로가 되는 말이다. 이 수난의 일치 속에서 영혼은 체험을 통해 예수님이 고독한 상태에서 얼마나 괴로워하셨는지, 그리고 당신의 고난을 통해 영혼들을 얼마나 사랑하셨는지 알게 된다.

"나의 하느님, 이것이야말로 당신이 택하시고 미리 정하신 것이며 모든 이들이 당신의 아드님과 닮아져서 이루어지는 초자연계의 질서입니다. 그들이 영광 중에 당신과 같아지기를 원할진대 수난 중에도 필수적으로 당신과 같아져야 하는 것입니다"(로마서 8:17 참조). "그리스도는 영광을 차지하기 전에 그런 고난을 겪어야 하는 것이 아니냐?"(루가 24:26)

《오, 끝없는 사랑이여! 당신을 위해서가 아니라면 누구를 위하여 내가 사랑할 마음을 가져야 하겠습니까? 오 사랑이여! 내

마음은 당신의 것, 오로지 당신의 것이니이다.》

7. 우리 안에 하느님이 현존하시면 우리는 그분의 뜻 안에서 즐겨 기도하는 동시에 기쁘게 일하게 된다

우리의 진정한 삶은 현존하신 하느님과의 거룩한 사귐에 있는 것이다(창세기 17 : 1 참조). 영혼은 이 사귐으로 인해 천상적인 평온 속에서 견고해지며, 세상의 모든 즐거움보다도 더욱 가치가 있는 깊은 평화로 가득 채워진다. 이러한 상태에서 영혼은 모든 소란함과 번잡한 직무와 인간과의 교제로부터 멀어지기를 원한다. 무익한 대화, 심지어 다른 이에게 봉사할 기회까지도 영혼은 별로 신경쓰지 않으며, 마리아처럼 예수님의 발치에 앉아서 온전한 고요만을 누리고 싶어한다(루가 10 : 39 참조).

그 반면 하느님께서, 영혼이 때때로 그분과의 내적 사귐에서 떠나 그분의 영광을 위해서 외적 직무에 종사해야 함을 깨닫게 해주신다. 끊임없이 드나드는 것이 그의 일상생활이 된다(시편 120 : 8 참조). 우리는 숨은(내적인) 주님의 소리에 응답하여 외부에 나가 자신에게 필요한 생계유지를 위해서 혹은 이웃에게 봉사하기 위하여 영성적인 일이나 현세적인 직무에 평화롭게 종사한다. 모든 것은 하느님의 법과 명령에 따라서이다! 하느님의 지시나 뜻이나, 그분의 부르심이 없이는 아무 것도 시작하지 않는다. 그렇기 때문에 그 영혼은 하느님의 뜻을 알게 해 달라고 열심히 청하지만(마태오 6 : 10 참조) 고집부리지 않고 단지 그분의 지시와 암시를 조용히 기다릴 뿐이다.

하느님께서 우리를 당신의 성업에 필요로 하신다는 것을 깨달게 되면, 우리는 그에 대한 응답으로 큰 성실을 보여 드려야 한다. 이러한 종류의 일은 영혼에게 아무런 분심거리도 남겨두지 않는다. 아울러 우리는 자신들의 무능력함을 알아야 한다. 식물이 자라 꽃이 피고 열매를 맺는 것은 태양열의 덕분이지 식물들을 심고 물을 주는 정원사가 한 것이 아니다. 이와 같이 은총의 햇빛으로 우리의 결심을 성취시켜 주시는 분은 하느님이시다(Ⅰ고린토 3 : 6 참조).

우리가 영성 수련에 있어서 규칙적인 생활을 하지 않는다면 쉽게 분심에 빠지게 되고, 게으르게 되고, 힘을 잃게 되고, 모르는 사이에 하느님으로부터 멀어지게 되고, 육적인 것에 빠져 회개가 거의 불가능할 때까지 이러한 모든 것들을 알아차리지 못한다. 그렇기 때문에 우리에게 가장 중요한 직무는 기도이다. 홀로 하느님과 친교를 나누는 기도의 시간을 따로 정해 두어야 한다. 기도에 성실하려면 매일 의무적으로 하는 일 역시 빈 틈이 없어야 한다. 고독과 기도 중에 맛보게 되는 평온을 일할 때에도 똑같이 보존하도록 노력해야 한다. 이 평온은 오랫동안의 성실한 노력 끝에 주어지는 특은이기도 하다.

그래서 우리는 이 점에 있어서도 극기하여야 하며 하느님의 뜻을 사랑하는 정으로 하느님의 마음에 드는 것 외에는 그 어떠한 기쁨도 내 것으로 소유하지 말아야 한다. 그래서 나의 정신을 일 자체에 너무 깊이 몰두하지 않도록 관상의 자세를 보존하기로 결심하고, 언제나 주님만을 섬기는 일에 습관을 들여야 한다 (골로사이 3 : 20 참조). 일하는 도중에 항상 예수님의 표양을 바라보고 그분을 따르고자 노력해야 한다. 만일 이 하느님의 모습이 우리 시야에서 멀어지게 된다면 영성생활은 중심을 잃게 되고 자신의 영예를 찾게 될 것이다.

《나의 하느님! 당신과 함께 친교를 나누기 위해 자유를 얻고 싶나이다. 저는 일이라는 감옥 속에 갇혀 있으니까요!》

8. 하느님 홀로 모든 것이고 그 외에는 아무 것도 아니다

하느님께서 한 영혼에게 당신이 모든 것이라는 것을 드러내 보이시면 이 생각은 그 영혼을 모든 사물로부터 떼어놓을 만큼 강하게 작용한다. 영혼은 이 위대하신 분 속으로 깊이 들어가 잠기게 되며, 그분 안에서가 아니라면 아무 곳에서도 머물러 있을 수가 없다. "하느님은 모든 것이고 나는 아무 것도 아니다"라는 말에, 성인 성녀들은 공감을 가졌다. 이 생각은 로욜라의 성 이냐시오에게도 가장 큰 시련을 견디어내는 힘이 되어 주었다.

인간들은 모든 것이 되시는 그분을 끊임없이 생각하지 않고 무슨 허황된 것만을 생각하는지! 내 영혼아, 네가 만일 이 모든 것 안에 있지 않으면 너는 어디에 있느냐? 네가 너 자신 안에 있든지 혹은 피조물 안에 있을 때 너는 허무에 지나지 않는다.

하느님은 모든 것이다. 그분 안에는 모든 영광과 모든 위대함과 행복이 있다. 만일 그분이 자신의 모든 것을 피조물에게 나눠준다 해도 그분은 결코 그것들을 빼앗기지 않는다. 하느님은 피조물과 함께 계시고(잠언 8:31 참조), 당신의 자비로 인해 인간에게 선을 행하는 것이 끝없는 기쁨이다(지혜서 11:25 참조).

그분은 항상 계시고 만사에 복되시며, 인간의 악의도 그분의 지복을 방해할 수가 없다. 그러므로 그대를 괴롭히는 것이 어떤 것이 되든지, 혹시 그것이 하느님 안에서 누리는 지복에 관한 것일지라도 걱정할 필요가 없다. 지금부터 그대에게는 하느님 한

분 외에는 아무것도 가치가 없게 되기를! 우리의 존재는 그분 앞에 아무것도 아니다. 진실로 살아 있는 인간은 순전히 무가치한 존재이다(시편 38 : 6 참조). 누가 하느님을 알게 되어 그분의 내면성을 바라보면 영혼의 힘과 안식이 되는 기쁨과 지복을 얻게 되는 그분 이외에 아무 것에도 큰 관심과 존경을 갖게 되지 않는다. 하느님께서는 당신 자신을 위해 영혼을 만드셨다. 그분은 지존한 진리 자체로서 오성의 유일한 안식처요, 지고한 선으로서 의지의 유일한 안식처요, 모든 사물의 시작과 마침으로서 기억력의 유일한 안식처이다. 그분 외에 진실하고, 선하고, 아름답고 완전하다고 불리우는 어떤 것이 있다면 그것은 영혼을 더 목마르게 할 뿐이다.

하느님만이 우리의 욕구를 채워주실 수 있다. 그러나 하느님께서 이것을 체험하게 해 주는 영혼 외에는 아무도 이러한 사실을 이해하지 못한다. 이 체험은 특이한 힘으로 영혼을 하느님이 아닌 모든 것으로부터 벗어나게 하며, 만일 영혼이 하느님을 떠나서 세속으로 혹은 육체의 본능을 찾아 다시 돌아간다면, 그에게는 더 많은 고통이 따르게 될 것이다. 내 영혼아, 너의 깊숙한 내면에 거주하시는 하느님이 너에게 현존하고 계심을 생각하는 습관을 들여라! 그리고 모든 피조물을 떠나라! 너의 정배이신 하느님은 어떠한 피조물도 당신 곁에 있는 것을 원하시지 않는다. 그분은 오로지 너만을 완전히 차지하시고 싶어하신다. 그분을 평화와 침묵 속에서 맛들이기 위하여 믿음으로 네 자신을 자주 영혼의 깊은 궁방으로 인도하여라! 만일 네가 그분 안에 살아서 그분의 말씀에 귀를 기울이고, 또 그 말씀을 성령의 활동으로 깨닫게 된다면 너는 얼마나 복되겠느냐?··· 너의 유일한 관심은 너의 이익이나 손해를 따지는 것이 아니라 하느님께만 귀를 기울여 네 자신을 그분의 인도하심에 맡기는 것이 되어야 할 것이다.

《오! 나의 사랑이신 예수님, 저를 모든 것으로부터 떠나게 해 주소서! 그리고 당신만이 나의 삶이 되게 해 주소서!》

9. 우리는 어디에서 하느님을 가장 잘 만나는가?

"나는 길 잃은 양처럼 오류에서 헤매었습니다. 나는 당신을 밖에서만 찾았는데 당신은 내 안에 계셨군요. 나는 내 밖에서 당신을 찾으려고 큰 수고를 하였는데 내가 당신을 그리워할 때면 언제나 당신은 내 안에 계십니다. 내가 잘못 찾았기 때문에 세상의 골목과 거리를 헤매었지요. 내 안에 계시는 분을 지금까지 밖에서만 찾았어요!"라고 성 아우구스티노는 말하였다.

인간이 하느님을 그리워하는 그만큼 피조물 안에서는 그분을 발견할 수가 없다. 사실 하느님은 인간 안에 계신다. 영혼은 하느님을 사람의 내면에서 발견할 수가 있고, 자기 안에서 그분과 결합하게 된다. 그러나 우리의 정신과 의지 속에 하느님은 특별한 방법으로 현존하시며, 바로 그곳이 그분이 즐겨 거처하시는 곳, 곧 당신의 성전이다. 그곳에서 하느님은 감각과 모든 조성된 것을 초월하여 우리로 하여금 당신을 볼 수 있고 맛들일 수 있게 하신다. 그곳이야말로 하느님이 다스리시고, 지시하시고, 가르치시는 옥좌이다. 그곳에서 영혼은 믿음으로 그분을 발견하고 그분과 함께 순수한 기도 안에서 가장 친밀한 사귐을 갖게 된다.

왜냐하면 그곳에는 하느님 외에 아무 것도 없고, 영혼은 신비로운 대화를 방해하는 피조물 없이 하느님과 단 둘이 있기 때문이며, 그분 손수 이 모두를 주재하시기 때문이다. 어떠한 피조물도 줄 수 없는 평화 속에서 영혼은 그분을 발견하게 된다. 하느님만이 당신 현존을 통하여 영혼에게 평화를 허락하신다.

그분의 거처는 평화 안에 있기 때문이다.

하느님의 현존은 내적 비추심과 격려를 통해 우리를 인도하신다. 만일 우리가 그분의 감도하심에 충실하기만 한다면 그분의 현존은 우리를 지도하시고 벌주시기도 하며, 교정해 주시고 강하게 해 주신다. 자기 자신과 피조물로 가득찬 영혼은 이 현존과 그분의 은밀한 인도를 깨닫지 못한다. 조용하고 순결한 영혼만이 그분의 부드러운 모습을 느끼게 된다. 영혼은 내적으로 하느님과 함께, 때로는 그분의 완전하심에 몰두하게 된다. 때때로 영혼들은 그들의 결점에 대해 벌받기도 하고 다시 위로를 얻기도 하면서 내적으로 고통을 받아야 하고, 또 어느 때는 기쁨을 누리기도 한다. 열심으로 가득찰 때가 있고 건조할 때도 있으나 하느님께 대한 애착과 위탁은 언제나 한결같다.

하느님께서 당신의 인자하심과 사랑하심과 감미로움으로 자신을 드러내 보여 주는 영혼은 복되도다! 하느님께서는 우리 내면에서 행하시는 모든 것을 순식간에 하신다. 수덕에 대한 한 영성가의 말씀에 의하면 "삼개월 동안 성령의 감도하심에 성실하고, 그분께 아무 것도 거절하지 않는 영혼은 틀림없이 완덕에 도달한다"고 한다. 우리는 우리 안에 계시는 하느님을 언제나 신앙의 눈으로 바라보아야 한다. 그분께서 우리 자신을 완전히 차지하시도록 해야 한다. 우리 자신을 남김없이 그분께 맡겨드리면서 우리 자신을 온전히 잊어버리고 그분 안으로 빠져들어가야 한다.

10. 우리는 하느님의 섭리에 온전히 위탁해야 한다

"참새 한 마리도 너희의 아버지께서 허락하지 않으시면 땅에 떨어지지 않는다"(마태오 10:29) 하고 예수께서 말씀하셨다. 왜, 우리는 무엇이 부족할까를 두려워 하는가? 만일 하느님께서 우리에게 부족한 상태로 버려두신다면 이는 우리로 하여금 고통을 통해 완전하게 하시려는 뜻에서이다. 우리에게 닥쳐오는 역경, 즉 혼란과 유혹, 질병이나 하느님과의 사귐을 방해하는 모든 장애로부터 완덕을 향한 노력까지도, 예수 그리스도의 모범을 따라 하느님의 영광과 아버지의 뜻만을 찾으면서 이 역경을 견디어내야 한다. 그리하면 우리 영혼은 하느님 안에 잠기게 되고, 그분 안에서 모든 안식과 만족과 기쁨을 발견하게 된다. 우리는 우리의 생각을 버리고 하느님의 뜻을 따라 완전함으로 나아가야 한다. 하느님의 길은 인간이 생각하고 판단하는 길과는 다를 때가 종종 있다. 우리는 우리의 삶을 통해서 자신을 거룩하게 만들어야 한다. 하느님은 고통을 통해 그것을 이루고자 하신다. 아! 나는 언제나 모든 것을 예지하고, 모든 걱정에서 벗어나 내 자신을 순수히 하느님의 안배하심에 맡길 수 있을까? 나에게 무슨 일이 닥쳐올까? 하고 염려하는 것은 내게 무슨 유익이 되겠는가? 우리는 빈곤과 고통을 두려워하는 본성을 말살시켜야 한다.

많은 사람들이 총칼에 쓰러져 순교자가 되고 또 어떤 사람들은 스스로를 포기하고 큰 사랑으로 인해서 순교자들이 된다. 이 순교는 보이지 않는 것이지만 때때로 외적 순교보다 더 고통스럽다. 그것은 재산이나 영예, 건강이나 생명의 위험을 참아

받는 것들이며 병과 재난과 가난… 그밖에 다른 곤궁들이 어디에서 오든지간에 기도를 통해 자신을 완성시켜 간다. 또 내적 고통을 통해 완덕으로 인도되는 영적 순교자들이 있다. 자기에 대한 하느님의 거룩한 뜻을 깨닫고 성실한 모든 이는 참으로 복되도다!

만일 우리의 잘못으로 인해 하느님과의 결합이 중단되었다면 오랫동안 불안 속에서 고통스러워하지 말고, 즉시 하느님께로 되돌아가야 할 것이다. 우리의 불안은 대부분 영적 교만과 잘 드러나지 않는 이기심에서 오는 것이므로 이때 우리는 스스로에게서 헤어나지 못할 뿐 아니라 이러한 것은 주님과의 친교가 정지되는 결과를 초래한다.

결합은 원래 사랑을 내포한다. 사랑은 결점을 없애주고 영혼을 다시 그분의 안식에로 이끌어 준다.

11. 모든 것에 무관심하고 오직 하느님 마음에 드는 것을 추구하라

하느님의 현존은 여러 가지 풍성한 열매들 중에서도 영혼이 그분의 마음에 드는 것 외에는 아무 것도 바라지 않는 거룩한 무감각과 그분의 마음에 맞갖는 덕만을 열매맺게 해 준다. 영혼은 많은 체험을 통해서 이러한 경지에 이르게 된다.

하느님께서는 가끔 한 영혼에게 완전히 그분께 속하는 특은을 내려주시기도 한다. 그러면 영혼은 덕을 쉽게 실천할 수 있고 큰 평화를 느끼게 된다. 영혼은 고독과 가난을 갈망하게 되며, 육체적으로 나약해지더라도 천국에서 완전한 순결로 사랑할 수 있기 위해 지상에서 많이 사랑하려고 더욱 더 힘쓰게 된다. 그래서 그는 모든 것을 애착없이 사랑한다. 여생이 짧을수록 그는 자신이 정말 죽은 것처럼 고독하게 살기를 힘쓰며 자기 자신을 위해 살지 않는다. 하느님 안에서의 삶만이 그에게 감미로운 것이다.

이러한 영혼은 육신의 필수품과 일 때문에 일어나는 여러 가지 산란함으로 인해 이 세상에서 하느님으로부터 멀리 떨어져 살게 되지는 않을까 하고 많은 번민을 일으킨다. 그럼에도 불구하고 영혼은 마음 속 깊은 곳에 하느님의 마음에 들고 싶은 순수한 위탁이 있기 때문에 깊은 평화를 유지하게 된다. 따라서 영혼은 하느님 외에는 아무것도 찾지 않는 데 익숙하게 된다. 그분을 떠나서는 어떠한 만족도, 어떠한 기쁨도 맛볼 수 없으며 자의가 아닌 불완전함에 대해서도 슬퍼하지 않는다. 하느님은 우리에게 있어서 모든 것이다. 하느님 한 분으로 우리는 충분하다. 우리 자신에 대한 관심은 순결을 흐리게 하므로 우리는 근본적으로 모든 완전함을 지니고 계시는 그분만을 사랑해야 한다. 하느님은 질투하는 신이다(출애굽기 34 : 14). 하느님은 우리가 당신 외에 그 어떠한 다른 것을 더 사랑한다면 그것을 참아내실 수가 없다.

오로지 하느님만이 유일하게 사랑받으실 분이다. 우리 영혼은 모든 피조물로부터 떠나고 싶은 큰 욕망으로 가득 차 있다. 우리의 가장 고귀한 작업은 하느님과 결합하고 그분 안으로 몰두해가는 것이다. 하느님께서 원하시는 "작은 일"[1]를 제외하고

주 1) 이것이야말로 소화 데레사 성녀의 "작은 길"이다. "사랑의 길로 빨리 전진하기 위한 유일한 방법은 언제나 작아지는 것이다"라고 그녀는 말하였다.

서 그 외에 무엇을 생각하거나 말해서는 안된다. 우리는 자주 우리 자신에게 다음과 같이 말해야 한다. "내 영혼아! 우리의 유일한 과업의 길로 나가 우리를 하느님으로부터 멀어지게 하는 모든 쓸모없는 것들을 피하자"라고. 물론 이러한 생활 방법은 외적인 것을 좋아하는 인간에게는 경멸스러워 보인다. 이러한 사람은 세상 사람들의 눈에는 바보처럼 보이고, 세상사에 대해 어두울지 모른다. 또 무용한 일들로 자신을 속이는 많은 사람들의 마음에도 들지 않는다. 새로운 의견이나 가르침에 대해 논란하지도 않는다. 우리에게 상관없는 일에 대해서는 아무 하고도 이야기하지 않으며 사랑하는 것 외에는 아무 것도 하지 않는다.

하느님께 대한 이 완전한 위탁은 피조물과 쾌락과 불완전함에 대한 모든 애착들을 예외없이 끊음으로써 얻을 수 있고 우리 안에 지배될 수 있다. 이것은 우리가 십자가를 얼마나 사랑하는가의 척도이다. "십자가", "정결", "사랑", "하느님"…이것으로 우리는 충분하다. 우리는 이 세상에서 고독 외에는 아무 것도 원하지 않지만, 하느님께서 명하신다면 그것마저도 온전한 자유로 포기하고자 한다. 우리의 가장 큰 소원은 모든 것을 잊어버리는 것, 우리 자신을 모든 것으로부터 끊어버리는 것이다. 하느님의 마음에 드는 것 외에는 아무 것도 마음과 기억 속에 두고 싶지 않다. 십자가에 못박히신 예수님 외에는 아무 것도 알고 싶지 않다.

그분은 내가 가진 모든 것과 함께 내 자신을 제물로 바치기를 바라신다. 그분의 마음에 들면 내 마음에도 든다. 그분은 나를 아무 것도 아닌 자로 만들고 싶어하신다. 그분이 기뻐하신다면 나는 그것으로 만족할 뿐이다.

12. 하느님의 현존 앞에서 큰 경외심을 가져라

신앙의 빛을 통해 하느님의 현존하심을 보는 영혼은 하느님의 한없는 엄위에 대한 큰 경외심으로 가득찬다. 하느님께서 영혼에게 고무시켜 주시는 모든 것, 즉 생각이나 완덕에로의 비밀스러운 초대나 좋은 열망이나 결심들을 큰 경외심으로 받아들이고, 간직하며 보존한다. 특별히 십자가와 어려움과 멸시 등을 하느님으로부터 나오는 것들로서 큰 존경과 사랑으로 통찰하게 되고 고통받기에 합당한 자임을 행복하게 여긴다(사도행전 5:41 참조). 이것은 하느님의 큰 은총이다. "여러분은 그리스도를 믿을 특권뿐만 아니라 그분을 위해서 고난까지 당하는 특권, 곧 그리스도를 섬기는 특권을 받았습니다"(필립비 1:29).

하느님께서는 내가 그분의 현존 안에서, 그리고 그분께로 향하는 길에서 어떻게 걸어나가야 하는지 나에게 분명히 깨닫게 해 주셨다.

① **겸손하게** : 겸손은 내가 가장 낮은 은총의 지위도 감히 얻을 수 없고 지옥의 심연을 차지해야 마땅함을 알려 주니 어떠한 상태에서도 나는 행복하다. 이것이 바로 나보다 더 많은 은총을 받은 영혼을 바라볼 때 생기는 슬픔이나 절망을 없애 주고, 하느님께서 나를 높여 주시는 것보다 더 높이 날으려는 자신의 노력을 절제시켜 준다.

② **참을성 있게** : 인내는 내가 쉽게 싫증내지 않도록 해 주고 완덕으로 전진하는데 용기와 굳셈으로 견디어내게 한다. 비록 하느님께서 오랫동안 나에게 끊임없는 내적 기도의 은사를 주시지 않더라도 분심과 잡념없이 "영(靈)적으로 참되게" 그분 안에서

기도하게 해 준다(요한 4 : 23 참조).

③ **관대하게** : 이 덕은 결점이나 불완전한 행동을 자존심 때문이 아니라 하느님 때문에 용기를 잃지 않고 견디어내게 한다.

④ **단순함으로** : 단순함은 하느님으로부터 마음을 돌리지 않게 하고, 오직 그분 홀로 우리의 인도자이시게 하여 그분과 함께 천상적 순수성에 도달하게 한다.

우리 자신의 미천함과 가련함 가운데 평화롭고 겸손하게 머물러 있자. 그러면 우리는 하느님의 총애를 받게 될 것이다. 우리가 그분께 성실해야 할 기회에 일반적으로 가장 많이 결핍된 것은 십자가를 지고 자신을 극복하는 용기이다. 어려움들은 우리를 몹시 놀라게 한다. 그러나 그리스도의 권능이 우리에게 드러나기 위해 우리는 약한 것으로 만족해야 한다. 우리의 무능함에 대한 깨달음은 우리를 아주 겸허하게 해 준다. 왜냐하면 그것은 우리의 빈곤함을 깨닫게 해 주고 또 우리가 그리스도의 은총에 매달리는 것이 얼마나 필요한지 알게 해 주기 때문이다(요한 15 : 4 참조).

하느님께서는 나에게 다음과 같은 경우에 항상 성실하기를 요구하신다.

1) 내가 그분의 마음에만 든다면 그분이 나와 함께 하시는 모든 일에 있어서 침착해야 한다. 그래서 나는 자애심으로 인해 다른 이가 받는 더 큰 은총을 질투하지 말고 나에게 주어진 은총으로 만족해야 한다. 하느님께 그것에 대해 감사드리는 것과 그분을 찬미하는 것으로 충분하다. 그것은 우리의 빈곤함을 보게 해 주고 또 우리가 그리스도의 은총에 매달리는 것이 얼마나 필요한지 알게 해 주기 때문이다.

2) 나는 데레사 성녀의 말씀대로 "작은 병(病)을 크게 만들

지 말 것이며 그러므로 이 때문에 모든 일상적인 생활, 의무적인 기도와 일을 중지해서는 안된다. 또한 감성의 욕구에 즉시 응해서도 안되며, 나의 영혼을 자주 마비시킨 육신을 엄격히 단련시켜야 한다. 하지만 이러한 것들은 조심스럽게 해야 한다."

3) 나는 나에게 닥쳐오는 십자가와 고통들에 대해 기뻐해야 한다. 왜냐하면 이러한 것은 나에게 덕을 실천하고 하느님으로부터 큰 은총을 받을 기회를 마련해 주며, 또한 세상이 가장 좋아하고 본성을 유쾌하게 하는 모든 것들을 고결한 마음으로 극복하도록 하여 나를 사랑에 능통한 자로 만들어 주기 때문이다.

4) 내가 만일 나의 성소에 충실하고 하느님이 아닌 다른 모든 것으로부터 완전히 이탈하게 되면 이 세상의 재물에 대해 빈곤해진다. 그러나 그만큼 덕에는 풍성해질 것이라는 확신을 가져야 한다. 그리고 우리는 그 가운데 생기는 고통과 멸시를 피하려고 여러 가지 핑계를 대는 데 조심해야 한다.

완덕으로 나아가는 길에서 육욕은 우리에게 많은 장애물을 가져다 준다. 특히 육욕에 매혹된 사고력은 더욱 그렇다. 우리는 자주 이 사고력으로 유혹에 빠진다. 은총의 인도에 자신을 온전히 봉헌하고 십자가의 어리석음을 사랑하는 것이 그를 대항하는 오직 하나의 무기이다(Ⅰ 고린토 1:18 참조).

13. 하느님의 자녀들은 하느님의 거룩한 영(靈)에 의해 인도된다

우리는 은총의 빛을 따라가야 한다. 기도할 때 우리는 하느님께서 우리를 인도하시게 해야지 우리가 고안한 신심수업이나 여러 가지 기도양식에 무리하게 속박되어서는 안된다. 그것이 좋게 느껴지더라도 우리의 결심이 하느님을 움직이지는 못한다. "주님의 성령이 계신 곳에는 자유가 있습니다"(Ⅱ 고린토 3 : 17). 우리는 스스로 노를 저어나가야 한다. 하지만 바람을 등지지 않고 자연스럽게 움직여야 한다. 그러나 숙련된 영혼들과(사도행전 16 : 6 참조) 성령의 인도하심을 따라 활동하는 영혼은 그분의 감도하심을 너무나 잘 알고 있다(로마서 8 : 14 참조).

성령의 활동하심을 자신의 영과 분별하는 것은 하나의 큰 지혜이다. 하느님의 계명이나 교회의 정신에 반대되는 것은 성령의 인도라고 할 수 없다. 우리는 피조물로부터 큰 기대를 갖지 않고 오로지 하느님께로만 종속되어야만 한다. 우리는 아무 것도 할 일이 없는 어린 아이가 어머니의 품에 안겨서 고이 잠들어 사랑 속에 깃들듯이 하느님의 품에 안겨 있어야 한다. 그렇게 하면 우리의 가련한 영혼은 영적 양분을 섭취하는데 아무런 어려움이 없게 된다. 우리는 이 영양분들을 그 어떠한 책에서보다도 오로지 그분의 성심에서 찾는다. 우리가 영혼의 양식을 얻기 위해 책을 읽을 때에는 눈으로만 읽지 말고 성령의 소리에 귀를 기울이면서 마음으로 읽어야 한다. 그러면 우리는 아무런 부족함도 느끼지 않게 될 것이다(시편 22 : 1 참조).

이때 그대는 자신이 너무 태만하고 무능력하지 않은가 하여 때때로 두려울 때가 있는가? 그러나 그대가 미처 깨닫지 못했던 것과 그대에게 필요한 모든 것을 하느님께서 걱정해 주시리라(로마서 10 : 40 참조)는 것을 체험하게 될 것이다. 그대가 피조물에게 기대려 들면 그분의 배려가 줄어들고, 그대 영혼은 궁핍과 가난과 외로움을 느끼게 된다. 그러면 그대는 기꺼이 피조물을 떠나 또 그분의 섭리에 모든 것을 내어 맡기게 된다.

다른 영혼들이 하느님의 영광을 위해 위대한 사업을 하거나 일하는 것을 볼 때, 자신은 너무 많이 기도하고 너무 감상적인 위로를 갖지 않는가 여겨져 때때로 두려워하게 된다. 그러나 나는 하느님께서 우리에게 어린이와 같이 살기를 원하신다는 그 믿음으로 안심하게 된다. 하느님께서는 다른 이들은 위대한 사업과 위대한 일에로 선택하지만 나의 소명은 하느님께 위탁하는 것이다(시편 62: 9 참조).

나 자신과 나에게 있는 모든 것을 하느님께 위탁하면 할수록 나는 하느님께 향하는 길로 나아가게 된다. 나는 아무 것도 원하거나 내 스스로 해서는 안되며 모든 생각과 결심과 언행과 내적, 외적 사정을 하느님의 인도에 맡겨드려야 한다. 나는 하느님께서 내게 허락해 주시는 그 처지만을 사랑해야 한다. 내가 어떠한 처지에 있든지 나에게 상관없어야 한다. 그분의 뜻만이 내 사랑과 만족의 대상이어야 한다.

오! 거룩한 위탁이여! 너를 차지한 사람만이 자유로운 영의 기쁨을 누리고 맛보리라. 오, 공손한 포기여! 너, 가장 좋은 마음의 상태여! 너를 아는 자 복되어라! 그는 하느님께로 향하는 순수한 시선을 가지리라. 그는 하느님의 영예와 영광을 위해서만 예리한 통찰을 가지리라. 오, 거룩한 위탁이여! 네가 마음 속에서 위대한 활동을 하고 있음을 그 누가 표현할 수 있으리오. 주님께서는 시에나의 가타리나 성녀처럼 침착한 영혼들에게 다음과 같이 말씀하신다.

"나 만을 생각하라. 그러면 나는 너만을 생각하겠다." 이 말은 "내 안에 머물러 있어라. 그러면 나는 네 안에 머물러 있겠고 너의 일을 내가 손수 걱정해 주겠노라"라는 뜻이다.

14. 하느님께의 온전한 위탁은 이 지상의 천국이다

우리가 위탁하는데 성실한 만큼 우리 마음에 위로도 클 것이다. 하느님께 위탁하는 영혼은 그분께서 허락해 주시는 처지에 만족하게 된다. 하느님의 안배하심으로 겪게 되는 모든 것들이 자신의 마음에도 들게 되는 것이다. 우리는 영원으로부터 정하신 그분의 뜻에 완전히 자신을 맡긴다. 우리는 하느님의 뜻이 영원으로부터 결정한 모든 것에 사려깊은 애정을 갖고 온 힘을 다하여 자신을 봉헌하고, 하느님께서 당신의 영광을 위해서 선택하신 길로 자신을 인도하시게 한다. 우리의 마음은 하느님의 영광 외에는 다른 기쁨이나 욕망이 없기 때문에(Ⅰ 베드로 4 : 11 참조), 만일 하느님께서 다른 영혼을 자기보다 더 탁월한 길로 인도하시고, 자기 안에서와 자기를 통해서보다도 그들 안에서, 그들을 통해서 더 많은 영광을 받으신다 해도 역시 큰 기쁨을 갖게 된다. 천상의 성인들과 천사들은 바로 이러한 정신을 가지고 있다. 그들은 세라핌(사랑의 천사)이 그 열절한 사랑으로 하느님께 자기들보다 더 큰 영광을 드릴 수 있음을 매우 기뻐한다. 지상에 있는 우리 역시 이런 정신을 가져야 하리니, 다른 이가 하느님과 합일하는 은총으로 지복을 누리게 된다면 그들을 통해 하느님께서 받으시는 영광을 우리는 기뻐해야 할 것이다.

하느님의 뜻에 의한 행복과 완전한 위탁 사이에는 별로 큰 차이가 없다. 왜냐하면 거룩한 뜻에 의한 지복(至福)과 완전한 위탁은 그것을 흐리게 할 것도 없고, 더 기쁘게 할 것도 없기 때문이다. 따라서 위대한 성인들은 하늘 나라에 대한 갈망이 성급히 채워지기를 원하지 않고 그들은 하느님의 뜻에 완전히 위탁함으로써 지상에서부터 천국을 발견하게 되었다.

오, 내 영혼아! 언제쯤 너는 완전히 정관(靜觀)에 들어가겠느냐? 언제쯤 모든 처지에 만족하고, 모든 것으로부터 이탈하겠느냐? 하느님의 마음에 드는 것 외에는 어느 것도 위대하게 보거나 바람직하게 여기지 말라. 도리어 우리에게 선택의 가능성이 있다면 위로보다는 고뇌를, 존경과 사랑보다는 멸시와 배척을 더 기꺼이 받아들여야 할 것이다. 예수께서 이러한 것들을 더 사랑했기 때문이고 그분은 장차 누릴 기쁨을 생각하며 지상에서 십자가의 고통을 선택하셨기 때문이다(히브리 12:2 참조).

하느님의 뜻과 일치하는 것이 가장 좋고, 가장 귀하고, 가장 순수하고, 가장 위대한 영혼의 상태이다. 그 밖에 다른 모든 상태는 불완전하고 점차 불충실에로 기울어지고 만다. 관상, 희사하고 싶은 기쁨, 이웃의 구원을 위한 열심 등은 모두가 좋고 거룩한 상태이지만, 이러한 것들을 하느님께서는 때로는 우리에게서 원하시지 않는다. 하느님께서 우리에게 건조한 상태, 궁핍, 고독을 보내실 때 우리가 다른 덕을 실천하려 한다면 우리는 불충실하게 된다. 하느님의 뜻과 일치상태에 있는 한 아무 것도 잃지 않았다는 것을 믿어야 한다. 만일 우리가 어려운 처지에 대해서나 이 세상 사물의 손실에 대해서 한탄한다면 그것은 어리석은 짓이다. 왜냐하면 이 보다도 더 우리를 하느님의 뜻과 일치하도록 장려하는 것은 아무 것도 없기 때문이다. 가장 쉽고 가장 단순한 분위기가, 가장 성스럽고, 가장 순수하고, 가장 위대하다는 것을 아는 것은 얼마나 큰 행복인지! 이 고귀한 완전함을 향해서(마태오 5:48 참조), 건강한 자나 약한 자, 부유한 자나 가난한 자, 은총을 적게 받은 자나 많이 받은 자, 능력이 적은 자나 많은 자 모두가 노력하면서 나아가야 한다. 은총이 우리에게 가져다 주는 모든 상태는 아름답고 좋은 것이다. 어떤 것은 여타의 것보다 더 우수할 수가 있다. 각자는 하느님께서 우리에게 주신 상태에 의지해야 하며 그 가운데 큰 평화와 순명, 겸손과 침착으로 머물러 있어야 한다. 이런 정신으로 살아가는 영혼들에게는 천국에 있는 성인들의 지복과 평정이 따르게 된다.

15. 하느님의 뜻을 실천함으로써 그분을 기쁘게 하는 것이 우리의 가장 큰 즐거움이다

하늘에 계신 우리 아버지께서 원하시지 않는다면 우리의 머리카락 하나도 빠지지 않는다(마태오 10:30 참조)는 사실을 나는 오랫동안 이해하지 못했다. 그러나 이 진리를 분명히 깨닫게 되자 나는 무척 행복했다. 이전에는 나에게 지옥이었던 십자가가 이제는 낙원으로 되었다. 하느님의 뜻이 아니라면 우리에게는 천국이 지옥으로 되고, 그분의 뜻이라면 지옥도 천국으로 변할 것이다. 하느님의 계명과 뜻이 우리에게는 모든 것 중에 모든 것이다. 이외의 것은 가장 아름다운 것이라도 나에게는 아무 것도 아닌 것처럼 여겨진다. 말하자면 우리 하느님의 뜻과 계명의 찬란함을 맛보게 된다. 그분의 뜻이 우리 안에서 온전히 이루어지는 것을 보는 것이야말로 신적 기쁨이다. 하느님의 뜻이 우리 안에서 이루어질 때 우리 역시 삶의 변화무쌍한 가운데에서도 만족과 평화를 누리는 것이다. 하느님의 뜻에 대한 이 기쁨은 영혼을 몹시도 만족시켜 주기에, 우리는 어떠한 피조물도 갈망하지 않고 모든 상태에 한결같이 머물러 있게 된다. 우리는 천한 직업에서도 귀한 직업에서와 같이 만족스러워한다.

이렇게 내적 평화와 휴식 안에 머물러 있는 상태, 즉 하느님의 뜻에 완전히 순명하는 것과 언제나 그분의 뜻과 일치되는 것은 하루 아침에 되는 일이 아니다. 우리들은 여러 해 동안 자신의 약점과 불완전함에 대해서 인내심을 가져야 한다. 우리의 마음은 몹시도 서두르고 하느님께서 원하시는 것보다 더 크게 되고 싶어한다. 하느님의 뜻 외에 그 어떤 것도 바라지 않는 영혼은 자의에 의한 죄와 불완전함 외의 어떠한 상태에도 만족하게 된다. 그러나 우리의 오만은 수없이 많은 불안의 근원이기도 하다. 오만은 우리를 끊임없이 혼란하게 하고 현시점에서 우리에게 너무 높아서 도달할 수 없는 완덕을 향해 온갖 힘을 다 기울이게 한다(시편 13：1 참조).

영혼이 자기 안에서 예수 그리스도를 발견하였다면(골로사이 1：27 참조), 그는 그분 안에서 안식(마태오 11：29 참조)과 만족과 자유(요한 8：36 참조)와 지복을 누리게 된다. 우리는 자신을 언제나 가련하게 보지만, 영원하신 아버지께서 당신 아드님 안에서 홀로 모든 만족을 얻으시기 때문에 이러한 것에 대해 걱정하지 않는다.

너희 스스로가 복을 얻으려 하고 주님은 필요없다고 하는, 오, 너희 인간들아! 나는 너희가 그릇 생각하기에 염려하노라!

우리 자신은 하느님 안에서 모든 것을 발견한다. 그분을 떠나서 우리는 모든 선으로부터 벗어난 자와 마찬가지이다. 우리는 전능하신 주님을 소유하기 위해 우리에게 부족한 것이 많다는 사실을 매우 기뻐한다.

순수한 영혼은 하느님만을 기쁘게 해드리고 자기 자신을 잊어버리려고 한다. 비록 자기가 세상에서 가장 불완전한 자라 하더라도, 불완전함이 자의로 범하는 죄가 아닌 한, 그는 자신으로부터 눈을 돌려 홀로 완전하신 그리고 자신을 있는 그대로 남김없이 봉헌하신 예수님께로 향한다.

비록 내가 불완전하다 하더라도 나는 만족한다. 실은 내 불완전함이 나의 마음에 들지 않지만, 그러나 주님의 은총으로 인해 그러한 것들이 나를 불안하게 하지 않는다.

내 영혼아! 하느님께로 향하는 길에서 만족하기 위해 너에게는 인내와 참을성이 필요하다. 네 자신을 거의 바라보지 말라! 있는 그대로 네 자신을 예수 그리스도의 품 안에 던져라! 그리고 그분만을 바라보아라! 오직 그분께만 의지한다면 너는 계속 내적 자유 안에서 넓은 마음으로 걷게 되리라(시편 118 : 32 참조).

네가 너의 가련함에 대해서 지나치게 생각한다면 그것이 네게 무슨 도움이 되겠느냐? 분명 아무 도움도 안 될 것이다. 너의 하느님이시고 주님이신 예수 그리스도만을 생각하여라! 그 홀로 네게 평화를 가져다 줄 것이다. 가련한 인간아! 하느님은 너를 떠나지 않을 것이다. 네가 그렇게 오랫동안 네 자신 안에 사로잡혀 있다면 네게 무슨 이익이 있겠느냐? 할 수 있는 대로 빨리 네 자신을 버려라. 그리고 완전히 하느님께 위탁하라. 그러면 하느님께로 향하는 길에서 전보다 훨씬 더 좋은 길을 걷게 될 것이다. 그러면 너는 멀지 않아 평화의 나라를 발견할 것이다(마태오 5 : 3 참조).

하느님은 모든 선과 완덕, 영광, 기쁨의 무한한 근원이며 이 모두를 당신의 피조물에게 쏟아 부으신다는 것을 나는 안다. 물론 어떤 이에게는 많이, 또 다른 이에게는 적게 주시지만 말이다. 내가 만일 거기서 아주 적은 몫이라도 받는다면 나는 세상의 다른 보화를 아무리 많이 받더라도 더 흡족해 하지 않을 것이다.

16. 하느님의 현존이 우리 안에 지속되도록 그분의 완전하심을 묵상하라

 사랑하는 사람에게 자신의 연인이 자기 곁에 있지 않다는 것만큼 괴로운 것은 없다(아가 3 : 1 참조). 그래서 사랑은 하느님의 특성과 완전함에 전념함으로써 그분을 항상 눈 앞에 가까이 모시려고 애쓴다.
 1) 하느님의 특성은 끝이 없으시고 영원하시며 무량하시다. 하느님은 우리 안에 생활하고 계시며 우리의 마음이 그분께로 향하면 하느님은 아무 것도 아닌 피조물인 내 안에서 살으신다. 우리는 끊임없이 하느님 품 안에서 숨쉬고 움직이며 살아간다 (사도행전 17 : 28). 우리는 어쩌면 그렇게도 자주 그분을 망각하고 생활하는지…. 우리가 세상에서 몰두하는 일들 중에는 공상적인 것들이 많다. 인간의 영예와 품위, 평판과 명성, 세상의 모든 위대하게 보이는 것들…. 사물들은 제각기 다른 특성을 가졌으나 이것들은 우리들의 욕망을 위한 것인 경우가 많다. 이런 것들은 볼 수 있고, 만질 수 있고, 형체가 있는 것이다. 바로 그렇기 때문에 멸망의 지배를 받고, 오래가지 않는다. 우리는 우리 자신이 누구인지 모르기 때문에 이런 것들을 마치 영원한 것처럼 생각하면서 이러한 사물에 집착하게 된다. 또 어떤 것은 본질적으로는 그렇게 불완전한 것 같지 않고 좋아보인다. 예를 들어 우리의 지성이 파악하는 초자연적인 진리 등이다. 그러나 이들 역시도 한계가 있고 불완전하여 영원하지 못하다.
 《오, 하느님! 당신을 찾기 위하여 저는 피조물에게서 초월하고자 합니다. 당신은 우리의 상상력과 감각과 이성으로부터 제한을 받지도 않으십니다. 당신은 모든 것들보다 더 높으십니다. 오, 시작도 마침도 없으신 영원한 분이시여, 당신은 우리가 보는 이 세상의 모든 것과는 너무도 다르십니다. 당신은 아무 것도 부족함이 없으시고 커지거나 작아질 수 없는 무한한 분이십니다. 나의 하느님! 우리가 당신을 떠나서 죄에 떨어진다면 어떤 불행을 초래할까요? 그것은 유(有)에서 무(無)로 빠지는 것입니다.》

2) 하느님의 전능하심은 모든 것을 창조하시고 섭리하시며, 모든 것 안에서 작용하신다. 만일 우리의 영이 피조물의 미소함 안에 마음을 가두어 둔다면 감옥에 갇혀 있는 것과 같다. 만일 우리의 정신이 세속과 허영심에 사로잡혀 있다면 우리는 강제노역에서 혹사당할 때처럼 지치고 말 것이다. 만일 우리의 영을 무질서한 감정의 노예로, 그리고 죄의 함정에 떨어지게 한다면 그것은 바로 지옥이다. 하느님 안에서 우리는 놀라운 자유를 누리게 된다. 이때 우리는 낙원에 있게 되는 것이다. 모든 것이 한없이 크고, 아름답고, 감미롭고, 향기로운 낙원에서 우리는 하느님의 온갖 완전함 속으로 몰두할 수 있게 된다. 하느님의 전능하심은 세상의 웅장한 건물들을 한순간에 잿더미로 만들어 먼지처럼 날려버릴 수 있다. 하느님의 힘은 하늘의 별들을 움직이게 한다. 하느님의 힘은 원소와 동물, 식물에게 생산적인 능력을 분배하며 하느님의 전능하심을 입지 않고서는 어떠한 생물도 한순간이라도 존재할 수 없으며 가장 미소한 활동도 할 수 없다.

하느님은 한순간에 수백만의 새로운 세계를 창조할 수 있다. 그런데 어떤 어려움이 우리의 용기를 잃게 하고 또 우리가 아무리 연약하다 할지라도 두려워할 게 무엇이랴? 전능하신 이의 도움으로 우리가 무엇인들 못하겠는가! "나에게 능력을 주시는 분을 힘입어 나는 무슨 일이든지 할 수 있다"(필립비 4 : 13).

3) 우주 만물을 오묘하게 다스리시고 아름답게 안배하시는 하느님의 지혜는 우리를 탄복하게 한다. 세상 만물을 하느님은 얼마나 지혜롭게 창조하셨는지! 삼라만상은 어쩌면 그렇게도 질서정연한지! 자연의 질서는 얼마나 황홀한 장관인가? 천상의 거룩한 도성은 얼마나 아름다운가? 성조들과 예언자들, 사도들과 순교자들, 증거자와 동정녀들의 대열, 천사들의 무리는 얼마나 훌륭한가! 또 지상의 "세상 끝에서 끝까지 이르는 (지혜서 8:1)" 구원사업은 얼마나 위대하고 감미로운가! 죄악과 지옥, 그리고 세상을 이기는 십자가의 승리를 보라! 이렇게 하늘과 땅에 있는 교회는 사람이 되신 지혜 앞에 경이와 환희로 가득 차 있다.

4) 하느님의 인내는 지칠 줄 모르며, 그 깊이는 이루 다 표현할 수가 없다. 세상 끝에서 끝까지 눈을 돌리는 곳마다, 하느님은 얼마나 모욕받고, 멸시받고, 비방받고 또 미움을 받으시는지! 그런데도 그분의 한없는 인내는 이 모든 것을 극복하신다. 그분을 영원히 미워하고 모독하게 될 사람들을 일찌기 알고 계심에도 불구하고 그들을 참아주신다. 그분은 그들에게 당신의 은총을 주시며 끝까지 그들을 바르게 인도하기를 중단하지 않으신다. 하느님은 그들이 원하기만 한다면 팔을 벌려 그들을 은총 가운데 받아들이시고, 모든 악을 순수한 선으로 갚아 주시려고 마지막 순간까지 그들을 기다리신다. 하느님은 당신의 그 큰 인내심으로 진노의 그릇을 부수시지 않고 참고 기다리신다.

내가 죄 중에 있을 때 그분은 얼마나 큰 인내심으로, 얼마나 오랫동안 참아 주셨는지! 얼마나 끊임없는 온정으로 나를 기다리시고 나를 회개로 인도하셨는지! 내가 그분의 은총을 무수히 저버렸음에도 불구하고 그분은 묵묵히 참아 주시고 눈감아 주셨다.
《오, 나의 하느님! 만일 당신이 그렇게 하시지 않으셨다면 저는 지금 어디에 가 있겠습니까? 저는 이 지복(至福)을 오로지 당신의 가없는 인내에 의한 것이라 믿고 감사드릴 뿐입니다.》

나는 하느님 앞에서 나의 약점과 가지 각색의 성급함을 바라볼 때마다 얼마나 부끄러워하게 되는지! 아무 것도 아닌 말이나 터무니없는 착각으로 인해 나는 얼마나 쉽게 화를 내고 불안스러워하는지! 그 가운데 정직하지 못한 본성은 자신의 잘못을 거룩한 열심이라는 허울로 숨기고 우리의 격정이 조금이라도 안정될 때까지 기다리지 않고 강렬하게 말하도록 우리를 자극하여 촉구한다. 《오, 영원하신 인내여! 나의 잘못을 용서하시고 내 본성의 격정을 억누르도록 도와 주소서!》

5) 하느님의 사랑은 하느님의 마음과 본질만큼이나 크다. 《하느님! 당신은 끝없는 사랑이십니다. 나는 당신 안의 어디에서나 거닐 수 있습니다. 당신은 나를 둘러싸고 계시며 마음을 사무치게 합니다. 나는 당신으로부터 왔기에 언제나 당신께로 돌아가지 않을 수가 없습니다.》 내 영혼아! 너는 네 하느님으로부터 얼마나 사랑을 받는지! 어머니의 단 하나밖에 없는 외아들보다도(이사야 49:15 참조), 더 사랑받는다. 아들을 품에 안은 어머니는 그 마음에도 아들을 품고 있다. 하느님께서는 너를 당신의 마음 안에, 당신의 사랑 안에 살게 하신다!

그분이 내 마음 속에서 살아계시면서 다스리지 않으신다면 얼마동안이나 내가 하느님의 마음 속에서 숨쉬며 살게 되겠는가?

《오, 나의 하느님이시여! 당신만이 내 마음을 소유할 권리가 있음을 고백합니다. 오, 주여! 당신 소유물을 피조물의 모든 침해로부터 지켜주십시오! 내 뜻을 반대하여서라도 내 마음을 소

제 1 권 … 그분 섭리에의 온전한 위탁 **47**

유하시고 지켜주십시오! 이 순간부터 내 마음 속으로 들어오는 모든 장애물을 막아 주십시오!》

6) 하느님의 공의는 곳곳을 다 지배하고 있다. 공의는 하늘에 당신의 옥좌를 세우고 당신의 판결을 땅 위에 알리며 그 벌을 지옥에서 집행한다. 하느님의 공의하심은 잘 싸운 사람의 머리 위에 당신의 관을 씌우며, 그들에게 순간적이고 가벼운 고통의 대가로 영원하고 끝없는 영광을 부여한다(Ⅱ 고린토 4:17 참조). 땅 위에서는 죄인들을 거슬러 당신의 판결을 내리고 사람들이 스스로 회개할 때 당신의 노여우심을 풀고 벌주시기보다는 경고로써 그들을 위협한다. 이렇게 하느님은 죄인들이 영원한 지옥불에 떨어지지 않도록 이 세상에서 가끔 죄인들에게 징벌로써 시련을 보내신다. 하느님은 죄인들을 은총의 시기인 시련 중에 의화시키려 하시지, 불행하게 만들지는 않으신다. 하느님은 얼마나 죄를 싫어하시는지! 그리고 하느님은 죄악에 자신을 영원히 팔아버린 죄인들을 얼마나 무섭게 벌하시는지! 하느님 안에는 당신 자신이 공의로운 분노를 영원히 타오르게 하고, 당신의 그 전능하신 팔(루가 1:51 참조)로 파멸시키고 없애버리는 무서운 불길이 있다. 하느님은 당신의 외아드님을 아끼지 않으셨다. 성자는 죄인의 모습으로 강생하셨으며, 인간의 죄악을 위해 담보물이 되셨기 때문이다. 《나의 하느님! 누가 당신 분노의 힘을 알겠습니까? 그리고 죄악을 헤아린다면 당신 분노의 모습을 바라볼때 떨지않을 자 과연 누가 있으리오?(시편 89:11 참조)》

7) 주님의 자비를 나는 영원히 찬미하리라(시편 88:2). 온 세상은 마치 하나의 큰 병원과도 같다. 이 세상은 병이 나고, 상처를 입고, 마비되고, 가련한 불치의 죄인들로 가득 차 있다. 이곳에 하느님이 그 자비로우심으로 오시어 돌보시고 계신다.

그분은 상처를 치료하고 붕대로 싸매어 주시며, 필요한 치료제와 약을 그들 모두에게 먹여 주신다. 또한 그들을 격려해 주시고, 그들의 상태가 아주 절망적이라 하더라도 결코 그들 곁을 떠나 가시지 않는다. 이렇게 온 세상은 하느님의 자비하심으로 가득 차 있다(시편 32:5 참조). 그분의 자비와 그분의 선하심이 미치지 않는 곳이 어디 있는가? 그분의 자비를 체험하지 못한 하와의 자손이 어디 있는가? 그분의 자비에 의탁하였을 때, 그의 품 안에서 사랑을 발견하지 않은 자 누구인가? 오, 내 마음아! 너는 어머니 사랑과도 같고 흠숭받으셔야 할 하느님의 자비에 마음을 향하지 않고서 누구를 향하여 탄식해야겠느냐? 땅은 하느님의 자비하심으로 가득 차 있는데(시편 32:5), 네 자신의 비참함 때문에 슬퍼하거나 절망적일 수가 있겠느냐? 하느님의 자비하심에 신뢰할 수 없는 사람은 하느님은 항시 자비하시다는 특성을 모르는 사람이다. 이 끝없는 자비와 깊은 사랑에 자신을 내 맡기는 것을 거절하는 사람은 가장 버림받은 죄인들이다. 그들은 자신의 마지막 순간까지 따라다니는 용서와 자비 가득한 하느님의 마음을 모르는 사람이다. 《한평생 당신의 자비가 이 몸을 따르리라(시편 22:5 참조).》

8) 하느님의 지복은 당신 스스로를 관상하고, 소유하고, 즐기고, 만족스러워하는 데 있으며, 그분의 만족은 당신 자신에 있는 것이다. 그래서 내 영혼은 하느님의 지복 외에는 아무 것도 보거나 소유하거나 사랑하거나 즐기고 싶어하지 않고, 오직 그것으로 흡족하고 싶어한다(시편 16:15 참조). 그래서 내가 아침에 눈을 뜨자 내 영혼은 모든 피조물을 떠나서 자기 자신으로 하여금 여타의 것에 머물러 있게 하지 않고, 오로지 하느님의 지복에로 향해간다. 그곳에서 내 영혼은 자신과 하느님이 아닌

모든 것 위에 높이 올려지고 만족하여 평화 속에서 쉬게 된다. 이곳은 하느님이 하루종일 거처하는 곳이다. 복되신 하느님을 떠난 비참한 곳에서 영혼은 머무를 수가 없다. 세속적인 나의 일이 비록 성공적이 아니더라도 나의 큰 업무(하느님 안에서 쉼)는 잘 되어간다. "하느님 안의 지복"이란 말은 "나의 기쁨과 만족은 하느님의 복되심에 있다"라는 뜻이다. 이것이야말로 순수하고 완전한 사랑이다. 즉 사랑하는 이의 행복에 대해 기뻐하며, 자신과 자신의 모든 것을 그것 때문에 잊어버리는 것이다. 이 가장 위대한 사랑의 표현은 미사의 대영광송에서 나타난다. "주의 영광 크시기에 감사하나이다…." 내가 보고 듣는 것들은 나의 기쁨을 더욱 크게 한다. 사람들이 죽음에 대해서 말하면 "나의 하느님은 불사불멸의 복되신 분이다"라고 나는 말한다. 사람들이 가난에 대해서 말하면 "나의 하느님은 끝없이 부요하시고 복되시다"라고 나는 말한다. 사람들이 세속적인 위대함에 대해서 말하면 "나의 하느님은 한없이 위대하시고 더 복되시다"라고 나는 말한다. 이렇게 내 자신을 영원하시고 복되신 하느님께 들어올리도록 모든 것은 나에게 도움이 되어야 한다. 내가 비록 투쟁 중에, 어려움 중에, 아픔과 고통 중에 있더라도 나의 마음은 하느님의 사랑과 복되심 안에서 기뻐한다.

나는 어떤 것에서도 자의로 슬퍼하거나 두려워할 수가 없다. 하느님은 영원히 변함없으시기 때문이다. "당신이 무엇을 원하십니까?" 하고 물으면 "아무 것도 원하지 않습니다"라고 대답할 정도로 내 영혼은 언제나 즐겁고 평화로 가득차 있다. "당신의 갈망은 무엇입니까?" "아무 것도 없습니다. 왜냐하면 나의 하느님은 자신의 끝없는 완전함을 즐기시는 고로 당신 안에서 완전한 만족을 누리시기 때문입니다." "이 세상에서 당신에게 기쁨이나 위로가 되는 것이 무엇입니까?" "아무 것도 없습니다. 하느님은 모든 피조물에게 구애됨 없이 기쁨으로 충만하시다는 것이 나에게 가장 큰 기쁨이기 때문입니다."

"주님이 얼마나 좋으신지 너희는 보고 맛들여라!"(시편 33:9) 오! 너희 인간들아, 나의 하느님이 소유하신 아름다움과 인자하심과 완전하심이 다른 사람의 것과 비슷한지 와서 보아라! 오, 그분은 얼마나 사랑스러우신지! 그런데 이처럼 적게 사랑받으시다니! 그분은 얼마나 위대하신지! 그런데 이렇게도 멸시받으시는구나! 그분의 완전하심은 얼마나 끝이 없는지! 그러나 이다지도 알려지지 않았구나!

《오, 내 영혼의 유일한 소망이신 분이여! 내게 당신의 거룩한 얼굴을 보여 주십시오. 나의 눈을 결코 당신으로부터 돌리지 않겠나이다. 내가 홀로 당신 외에는 아무 것도 더 이상 생각하지 않도록 나를 이끌어 주심을 느끼나이다.》

내 친구들이여, 나를 더 이상 괴롭히지 말아다오! 나의 하느님을 찬미할 수 있도록 나를 귀찮게 말아다오!

제 2 권

모든 생활 환경에서 예수 그리스도와의 내외적 동일화

1. 참된 그리스도인 생활의 본질과 그 탁월함에 대하여

 현자의 빛은 이성이다. 그러나 그리스도인의 빛은 세속적인 지혜가 아니라 십자가에 못박히신 그리스도를 따르는 단순한 믿음이다. 만일 신앙의 빛이 한 영혼을 가득 채우게 되면, 그 영혼은 그리스도교의 진리 외에는 아무 것도 진실된 것이 없으며 모든 것은 헛되고 많은 거짓이 있다는 것을 깨닫게 된다. 진리의 빛은 우리를 세상의 헛된 속임수에서 빠져 나오도록 도와준다. 그리스도교의 교리에 거스르는 모든 것은 우리에게는 이제 어리석음이요, 손실이요, 죽음이 되고 만다. 또한 세상이 어리석음, 손실, 죽음이라고 여기는 모든 것이 우리에게는 순수한 지혜요, 이득이요, 생명이 된다.

 그리스도인답게 산다는 말은 예수님의 영(靈)과 정신을 따라 사는 것을 의미한다. 즉 태고사(太古史)의 첫 인간에게 주어졌던 은총과는 전혀 다른 새 인간, 예수님의 은총에 따라 사는 것이다. 아담이 지닌 은총은 기쁨과 영예와 부유함을 거룩하게 사용함으로 인해 하느님과의 결합에 있어서 성덕(聖德)의 가장 높은 단계에 도달할 능력이었다. 이 길은 무죄의 상태에서 가능하였다. 그러나 아담이 죄에 떨어졌기 때문에 영원한 지혜이신 하느님은 아주 다른 길을 제시하셨다. 이것은 둘째 아담인 그리스도께서 걸으신 십자가와 고통과 멸시와 환난의 길이다. 성자가 인간이 되신 첫 순간부터 그분의 마지막 호흡까지, 이것이야말로 유일한 길이며, 이 외에는 복됨도 완전함도 찾아볼 수 없다. 세상 사람들은 예수 그리스도의 이 탁월한 지혜를 모른다 (필립비 3:10 참조). 그들은 십자가에 못박히신 예수님을 모르기 때문이다. 이 가르침은 육신에게는 힘든 것이고 이 세상의 식견으로는 불쾌한 것이다. 성인들은 이 십자가의 가르침을 실천하였고 우리도 그것을 실천해야 한다. 그렇지 않을 때 우리는 그분에 불성실한 것이며 이는 예수님의 정신에 위배되는 것이다.

* 우리는 아담으로부터 세상에 있는 모든 악의 원천인 세 가지 그릇된 경향을 물려 받았다.
1) 눈의 쾌락 : 모든 죄악과 재앙을 불러 일으키는 재물에 대한 집착.
2) 육적 쾌락 : 사람을 육욕과 감각의 노예로 만드는 쾌락욕.
3) 생활의 교만 : 마치 주정뱅이의 망령과도 같이 인간을 사로 잡는 명예욕, 이때 인간은 영예를 얻으려고 발버둥치다가 오히려 그 조소와 멸시의 대상이 된다.

* 그러나 예수님의 정신은 영혼에게 세 가지 상반되는 경향을 알려 준다.
1) 가난에 대한 애착, 또는 모든 피조물로부터의 완전한 이탈.

2) 고통, 궁핍, 절제와 보속의 행위에 대한 사랑.
3) 겸손, 비천과 멸시에 대한 사랑.

이러한 기본원칙을 우리가 가끔 혹은 아주 잊고 생활하며 또한 진정한 그리스도교의 믿음을 실천하지 못하는 것이 유감스러울 뿐이다. 사람들은 고귀한 혈통이나 학벌을 자랑하고 높은 명예직을 갖거나 예리한 사고력을 갖는 것을 영광으로 여긴다. 그러나 우리가 그리스도교 신자임을 이 세상에 행동으로 증거해야 할 때는 부끄러워 한다.

그리스도인의 영예로운 신분이여![1] 너는 얼마나 아름다운지, 그러나 반면에 얼마나 멸시당하는지! 그리스도인 생활의 원칙은 얼마나 고귀하고 아름다운 질서를 마련해 주는지! 이 원칙은 각자에게 합당한 것을 준다. 하느님께서는 모든 영광과 찬란함

주 1) : 렌티(Renty) 백작은 "우리는 그리스도의 지체되는 영광을 가졌기 때문에 그분의 삶을 살아야 하며 그분의 생각을 지니고 그분의 발자취를 따라야 한다" 라고 말하고, 스테판(Stephan) 신부는 그리스도의 정신이 우리 안에 다음과 같은 작용을 한다고 한다 : 그리스도의 정신은 우리가 매순간 부활하여 죄에 떨어져 다시는 죽지 않게 하고(묵시록 1:17 참조), 순교자적 포기의 생활을 하게 하고(마태오 10:38-39 참조), 착한 목자의 음성을 듣는 성실한 양이 되게 하고(요한 10:14 참조), 이 세상에서는 순례자나 나그네(Ⅰ베드로 1:17 참조)처럼 살면서, 예수님처럼 그분의 정신에 따라 사는 생활 태도를 세상에 보여 줄 수 있게 한다.

그리스도의 정신에 따라 사는 사람은 열심히 기도하고 그 영혼은 천상에 두고 이 세상은 발끝으로만 걸어가듯 지나치면서도 자기 안의 아주 작은 것도 하느님 사랑으로 변화시켜 거룩한 삼위일체이신 하느님의 사랑을 세상에 나타내 보여 준다.

을, 우리 가련한 죄인에게는 모든 멸시와 모멸을 준다 …!

진지한 실천의 영성생활을 완전한 하느님의 사랑을 발견하려고 노력하자! 다른 사람들은 그들 방법대로 해도 좋지만, 우리는 하느님의 빛을 따르고 멸시당하고 십자가에 못박히신 예수님과 함께 거닐도록 하자. 만일 하느님께서 우리에게 이 감추인 삶의 빛을 알게 해주신다면 우리는 얼마나 복된 자들인지! 그것은 온 세상보다 더 가치가 있다. 그러므로 우리는 매 순간 자신을 성찰하면서, 이 삶으로부터 기인되지 않는 모든 애착에서 깨끗해져야겠다. 만일 본성과 육욕이, 친구와 적이, 그리고 거짓 그리스도교 신자들의 무리가 악평하고 여러 가지 궤변들을 주장한다면, 이러한 모든 것에 관여하지 말라. 순교자들이 신앙을 부인하도록 강요당하셨던 모진 형벌 가운데서도 매번 똑같은 대답을 하셨던 것처럼, 즉 "나는 그리스도교 신자입니다. 나는 그리스도교 신자입니다" 라고 간단하게 대답하라. 너의 마음을 돌리려고 하는 모든 사람들에게 나는 이 영성생활을 택하였으며 "나는 그것을 절대로 버리지 않겠노라"고 말하여라. 세상이 미쳐 날뛰고, 그 본성이 원하는 대로 빗나가더라도 여러분들이 완전한 그리스도인이 되고자 한다면, 경멸과 거부당해야 하고 세상이 미워하는 것을 사랑해야 할 줄로 나는 알고 있다. 사실 이것은 힘드는 결심이지만, 우리에게 힘을 주시는 분을 통하여 우리는 무슨 일이든지 할 수 있는 것이다(필립비 4:13).

바로 이러한 사람이 그리스도인이다. 고통과 아픔과 극기와 그리스도의 십자가의 능욕을 당하며 사는 것을 기뻐하자! (로마서 5:3 참조) 사람이 되신 그리스도의 지혜를 포옹하고 항상 그리스도를 박해하는 세상의 눈에는 바보가 되자! 오, 가련한 그리스도의 삶이여! 이 세상에서는 미지수이고 희귀한 존재인 너! 몇몇 사람들은 너를 입술로 존경하고, 오직 극소수의 사람만이 너에게 마음 편히 쉴 자리를 내어준다(마태오 15:8 참조). 초자연적인 삶은 본성적인 삶을 끊임없는 죽음에로 이끈다.

이렇게 아름다운 삶은 우리 영혼에 불어넣어 주는 성령의 감도와 활동으로서만 가능하다. 사람들은 이 삶의 감각과 이성을 초월하여 끊임없이 영혼을 들어올리고 희생의 실천으로 항구히 계속할 수 있다. 또는 기도와 덕행을 생활화하고 욕망과 이성의 억제로 이룰 수가 있다. 사실 우리는 먹고 마시는 것과 같은 일상생활을 해야 되지만 오로지 하느님이 명하신 질서 안에서만 해야 한다. 우리는 친척과 친구도 사랑해야 하고 분별력있게 필수적인 일을 해야 하지만 오직 하느님과 그분의 뜻에만 마음을 두고 있어야 한다.

오, 위대한 은총의 삶이여! 외적으로는 가난하지만, 내적으로는 부유한 삶이여! 그대는 비천하게 보이지만 대단히 고귀하구나. 그대의 아름다움은 나를 황홀케 하였다. 나는 그대를 떠나서 한순간도 살 수가 없게 되었구나! 그대는 신성하고, 또 영혼을 하느님의 마음으로, 하느님을 우리의 마음 속으로 옮겨 놓는도다. 그대는 영혼에게 놀라운 자유를 누리게 하는구나. 이 상태의 빛이 영혼을 조명하게 되면 영혼은 평화롭고 애정깊고 넓고 높은 세계로 들어가게 된다. 그곳에서 영혼은 하느님과의 초성적 합일 속에서 살게 된다. 그전처럼 자주 진퇴유곡의 곤경에 빠지지 않고 변함없는 결합 속에서 병고와 멸시와 다른 많은 어려운 사건들은 그의 마음을 더 이상 상처입히지 않는다. 그의 마음에 상처를 주는 심한 타격에 별로 신경쓰지 않으며 사랑의 대상을 그렇게 쉽게 멀리하지 않는다.

이러한 모든 것은 그에게 있어서 기쁨의 원인과 수단이 되고 이로 인해 그는 완전한 자유와 깊은 정화의 길에 들어서게 된다. 이렇게 육욕과 애착을 초월하여 사는 영혼은 땅을 하늘 위로 승화시키는 것과 같은 위대한 하느님의 작품이다.

《그렇기 때문에 오, 하느님! 제가 이러한 삶을 영위하고 당신께 영광과 끊임없는 찬양을 드릴 수 있도록 축복해 주십시오! 저에게 힘찬 도움을 주세요! 왜냐하면 당신이 저를 버려 두시면 저는 곧 본성적인 나약함으로 떨어질 것이기 때문입니다.》

2. 참된 그리스도인 생활의 탁월함과 그 단계

오, 아름답고 위대한 그리스도교 신앙이여! 몹시도 훌륭하고 말로는 표현할 수 없는 그대! 욕망을 따라 사는 인간들에게 그대는 얼마나 알려지지 않고 있는지! 육적인 것은 하느님 나라를 상속받을 수가 없다(로마서 8:8 참조). 내가 만일 본성을 따르고 예수 그리스도의 가르침을 따라 살지 않는다면 어떠한 처벌을 받게 될까? 은총과 그리스도의 힘을 통해서만 피조물은 그렇게 살 수 있고 홀로 그분으로부터 이것을 기대하고 희망해야 한다.

나는 그분이 가르쳐 주신 이 생활의 원칙을 예수 그리스도 자신처럼 높이 존중해야 한다(요한 14:21 참조). 그분의 신적 지혜와 끝없는 영광이 그 안에 포함되어 있다. 가난과 멸시와 고통을 사랑하고 높이 평가하지도 않는 사람은 예수님의 지혜를 흠모하지도 않는다.

욕망의 지배만을 받는 사람들이 있고 또한 처세술에 지배받는 현명한 사람들도 있다. 이 모든 사람은 그대를 따라 사는 삶을 모르나 오직 신앙의 빛 가운데 있는 이들은 그대의 아름답고 위대함을 아는도다. 예수님의 영이여! 세상이 얻을 수도 깨달을

수도 없는 이 거룩한 삶을 나에게 주십시오! (요한 14:17 참조)

우리는 이러한 삶을 방해하는 그럴 듯한 핑계를 쉽게 발견한다. 예수님께서 초자연적인 삶의 모범을 보여 주시지 않았더라면 이 가르침은 어떠한 생활방식이나 생활형태가 되지 못했을 것이다.

예수님은 여러 모양의 생활방식을 사셨으나 결국은 언제나 같은 것이었다.

1) 예수님은 수난의 삶을 사셨다. 특별히 그분의 수난시기에 극도의 고통을 받으셨다.
2) 예수님이 지상에서 보내신 거의 모든 시기에, 즉 30세까지 가난하고 천대받고, 알려지지 않은 숨은 삶을 사셨다고 말할 수 있다.
3) 백성의 스승으로서 밝게 비추인 삶을 사셨다.
4) 자비하고 관대한 삶을 사셨다.
5) 유다인들을 얻기 위하여 그들과 교제하고 제자들과 공동 생활을 사셨다.
6) 다볼산에서 빛과 위로가 가득한 고독의 생활을 사셨다.
7) 사막에서 유혹받으며 절제의 생활을 사셨다.
8) 들과 산에서 기도로 온 밤을 지새우면서 관상 생활을 사셨다.

이제 예수님께서는 지금 이 시간과 세상 종말까지 당신의 지체이신 그리스도인들의 삶 안에서 이러한 모든 생활방식을 사신다. 그래서 우리는 다음과 같이 언제나 말할 수 있다. "이제는 내가 사는 것이 아니라 그리스도가 내 안에서 사시는 것이다"(갈라디아 2:20).

소수의 사람들만이 그분의 수난의 삶을 살아가고 있다. 그들은 오로지 이 세상에서 고통받기 위해서 사는 것처럼 보이며, 그들이 예수님을 사랑하는 마음으로 이런 것들을 기꺼이 받아들이는 태도로 예수님께 영광을 드리고 있다.

내 영혼아, 네가 어떠한 삶을 영위하고 있는지 무엇이 그렇게 중요하단 말이냐? 네가 예수님의 생애를 존중하기만 한다면!

각자는 자기가 가야 하는 길에서, 자기의 생활방식에서 하느님을 경외해야 한다. 가장 멸시받는 상태에서도 가장 미소한 은총이라도 우리에게는 좋은 것이다. 사람들이 대수롭지 않게 여기는 은총도 있지만, 바로 이들을 높이 평가해야 한다. 이렇게 하느님의 뜻에 따라 일하고 고통받는 것이 환시, 계시, 탈혼보다도 더 좋은 것이다.

우리는 단번에 완전해지거나 영성생활의 가장 높은 단계에까지 올림을 받지 못한다. 제일 먼저 영혼은 이 생활의 아름다움에 대해 시선을 주게 된다. 그러면 영혼은 그의 나약함을 깨달아 몹시 부끄러워할 것이다. 피조물과 자신에 대한 애착심에 대해서도…, 영혼은 점차 모든 사건 가운데 자신을 포기하고, 모든 피조물로부터 이탈되며, 영혼과 육신의 모든 결점으로부터 정화되기 시작한다. 간단히 말해서 그는 본성의 애착에서 떠나 가난과 경멸을 더 사랑하는 정화의 단계로 들어가 이제 이 생활 가운데서 계속 정진하게 된다. 영혼은 스스로 세상을 비추는 빛이 되고 자신을 분명하게 보게 된다. 그는 이성의 깨우침을 받게 되며, 이 생활의 특출함과 훌륭함, 가난하고, 고통받고, 천대받은 예수님의 삶 안에 숨겨진 비밀들을 깨닫게 된다. 이것이 조명의 단계이다. 이제 영혼은 자기 안에 하느님의 현존하심을 알고 하느님과의 끊임없는 일치에로 노력하게 된다. 이 상태에서는 아무 것도 그를 방해할 수가 없다. 심지어는 고통까지도.

이 은총의 인도는 평범한 형태의 것이 대부분이지만 예외도 있을 수 있다.

하느님께서는 이 영혼 안에서 마치 정복자와 같이 군림하시게 된다. 그분은 당신의 나라를 완전히 정복하기 위해 당신의 권세에 반대되는 모든 것을 죽이고 없애버리시니, 이는 모든 방해물로부터 정화되어 평화로이 인간 영혼 안에서 통치하시기 위해서이다. 왜냐하면 "하느님의 나라는… 성령을 통해서 누리는 정의와 평화와 기쁨"(로마서 14:17)이기 때문이다. 그리고 하느님은 이 나라의 법을 정하시고, 영혼은 예수님과 함께 가난한 것이 진정한 부유함이고, 당신과 함께 멸시당하는 것이 진정한 영광이고, 당신과 함께 고통받는 것이 진정한 기쁨이 된다. 한 마디로 모든 경우에 예수님과 같아지는 것, 이것보다 더 좋고 더 훌륭한 것이 없다는 것을 우리들에게 가르치신다.

우리 자신을 포기하고 십자가에 못박아 죽는 것을 중단하는 즉시 우리는 그리스도인으로서의 삶을 중단하며, 따라서 그리스도교 신앙은 차츰 없어지고 말 것이다. 왜냐하면 자신을 포기하고, 자기 십자가를 지고 예수님을 따를 때에 존재하는 그분의 정신과 본질을 우리가 잃어버리기 때문이다(마태오 10:38 참조).

우리는 이 세상에서 어떠한 것도 소유하지 않고, 예수님께서 원하시는 것을 제외하고는 아무 것도 얻으려고 힘쓰지 말아야 한다. 즉 그것은 아버지의 뜻을 따르기 위하여 고통받고 십자가 상에 죽는 것이다 (히브리 12:2 참조). 사도 베드로는 그리스도인들을 "선택된 민족이고 왕의 사제들이며 거룩한 겨레이고 하느님의 소유가 된 백성"(Ⅰ 베드로 2:9)이라고 부른다. 그리스도인의 생각은 다른 사람들의 생각과는 매우 다르고, 그들의 행동은 세상 사람들의 것과 같지 않기 때문이다. 그리스도인은 하느님께만 향기로운 희생을 드리고자 하며, 이는 끊임없는 희생이 되신 그리스도와 함께 십자가에 달린 삶을 통해 되는 것이다 (갈라디아 2:20 참조).

《오, 모든 은총의 샘이여! 하느님의 거룩한 영이시여! 당신은 내가 온전한 그리스도인이 되기 위하여 이러한 생활을 하기를 얼마나 원하는지 아십니다. 또한 내가 더이상 본성적 경향과 세상에서 통용되는 처세술의 원칙에 따라 살고자 하지 않음을 당신은 아십니다. 그러나 나는 만일 당신이 나에게 당신의 빛과 힘으로 먼저 도와주시고 은총을 베풀어 주시지 않는다면, 여기에 도달하는 것이 불가능함을 알고 있습니다. 나는 이것을 이미 깨달아 얼마나 자주 다시 시작하였는데도 넘어지면 다시 포기해버리고, 본성과 피조물이 나를 지배하게 하였는지요.》

"오, 예수님! 내가 당신의 뒤를 따르고 더 이상 내 자신에게로 돌아오지 않도록 힘차게 끊임없이 나를 이끌어 주십시오" (아가 1:4 참조).

3. 영성생활에는 성실하고 진지한 자세가 요구된다

예수님은 자신의 생애를 온전히 우리에게 바친 성실하신 분이셨다. 우리를 위하여 활동하시고, 고통받으시고, 또 우리를 생각하지 않고 사신 적은 한 순간도 없으셨다. 그분은 하느님의 영광과 우리 구원 외에는 아무 것도 생각하지 않으셨다. 그리고 지금은 아버지 앞에서 우리를 변호해 주고 계신다(요한 I서 2:1).

따라서 우리는 그분께 대단히 성실해야 한다. 우리에게 불충실하고, 무익하고, 위험스럽기까지한 피조물들에게 우리 영혼과 생각 그리고 우리의 사랑을 가질 권리를 주지 말아야 한다. 우리의 영혼과 생각들, 우리의 사랑은 오로지 그리스도께만 속하고 그분의 것이어야 한다. 우리 안에 있는 모든 것, 즉 우리의 이성과 마음, 우리의 내외적 능력은 하느님을 위해서만 존재하고 그분의 뜻에 따라 고통을 참아 받을 때 진정한 가치가 있다. 예수님께서 우리를 위하여 모든 것을 행하시고 고통받으신 것처럼, 우리도 그분을 닮은 완전한 그리스도인이 되려 하지만, 이 세상과 함께 거의가 고통을 받으려 하지 않는다. 우리는 예수님과 더불어 가난해지려 하지만, 실제로는 부유함을 보존하고자 한다. 우리는 멸시당하고 싶어하지만 실제는 영광 중에 있고자 한다. 우리는 고통받고자 하지만 모든 안락함을 누리고 싶어한다. 그렇기 때문에 우리는 앞으로 나아갈 수가 없다. 은총은 이런 영혼 가운데 오랫동안 머물러 있을 수 없으므로 우리는 이러한 미지근한 태도를 넘어서야 한다.

예수 그리스도께서 우리 영혼 안에 당신 모습을 드러내시도록 은총이 우리 안에서 활동하기를 원한다면, 영혼은 큰 자제심을 가져야 한다. 이때 우리 안에서 활동하는 은총은 자기의 주관을 관철시키고 이웃의 권한을 침범하는 폭군과도 흡사하게 된다. 이웃들이 한탄하고 고함을 지르는데도 폭군은 아랑곳없이 뒤도 돌아보지 않고 그의 잔인한 작업을 계속할 것이다. 때때로 그는 이웃에게 한두 가지의 희망을 주어 위로도 하지만, 어느 때는 그들을 협박하고, 자주 그들을 모욕한다. 만일 은총이 한 영혼 안에 통치하기 시작하면 이와 마찬가지이다. 본성은 고함지르고, 육신은 불평하며, 오관은 한탄하고, 의지는 반항하지만 은총은 아무 것도 들어 주지 않고, 어떤 대답도 하지 않으며 본성을 희생시켜가며, 그의 일을 계속한다. 때때로 은총은 영혼에게 천국에서 큰 상급을 받게 될 것이라고 약속하며 본성을 극복시키는 일을 계속한다. 세상에서 부유한 사람들은 좋은 음식만으로 만족하지 않는다. 그들은 호화롭고 화려하게 살기 위해 재산을 넘치도록 긁어 모은다. 이와 마찬가지로 그리스도인은 은총의 생활을 유지하기 위해서 마지 못해 자신을 포기하는 것으로 만족하지 않는다. 그들은 온전한 자유의지로 십자가에 못박히신 예수님을 닮으려고 자아포기를 철저히 실행하면서 이 세상에서 예수님처럼 고통으로 자신의 삶을 장식하고 싶어한다. 왜냐하면 예수님께서는 당신 때문에 자신을 희생하는 영혼들을 매우 사랑하시기 때문이다.

많은 이들은 특별한 은총으로 인해 완덕에로 불리움을 받았으나 소수의 사람들만 그곳에 도달한다. 그것은 용기가 없고 성실하지 못한 탓이다. 사람들은 기도와 극기의 생활을 진지하게 선택하지만, 육신에 대한 소심함과 애정 때문에 곧장 중지해 버리고 만다. 사람들은 자신을 너무나 아끼며, 건강이 손상될까 두려워한다. 우리가 평범한 생활을 버리면 다른 이들이 어떻게 생각할지 염려하여 귀를 기울이면서 주저하게 된다. 우리는 본성과 친구, 그리고 우리의 육적 애착을 칭찬해 주는 사람들의 귀뜀하는 말에 너무 많이 귀를 기울인다. 내 영혼아, 이렇게 해서는 하느님께로 향하는 길로 나아가지 못한다. 너의 소명이 무엇인지 아는 것으로 충분하다. 세상 것에는 장님이 되어 하느님의 마음에 드는 것 외에는 아무 것도 보지 말아라! 그분이 원하시는 것만을 행하고, 그밖의 모든 것들을 업신여겨라! 네 자신을 온전히 그분의 은총의 인도하심에 맡기고 성실히 따르라! 어떠한 희생을 감수하더라도….

《오, 예수님! 당신의 길은 얼마나 아름답고 좋은지요! 당신이 사신 것처럼 이 세상에서 살 수 있다면 얼마나 좋을까요! 오, 예수님! 나는 당신을 따르고 싶습니다. 비록 재산과 영예와 건강과 생명까지 잃어버린다 할지라도. 온 세상을 얻는 것보다 당신의 계명에 성실하는 것이 훨씬 좋습니다(마태오 16 : 26 참조). 나는 당신의 은총에 장애물을 놓지 않겠으며, 당신 원하는 대로 나를 처분하고 내 안에 당신 자리를 주렵니다.》

무의미한 생활로 30년을 보내는 것보다 그리스도적 완덕 생활의 1년이 더 낫다. 왜 우리는 이다지도 자신을 아끼는지? 무엇 때문에 우리는 정력과 건강을 아끼는지? 내 영혼아! 완덕의 길을 향해 성실하게 나아가는 데 한 걸음도 물러서지 말아라!

우리가 얼마나 사소한 일로 허송세월을 보내는지 생각해보면, 나는 부끄러워진다. 가련한 피조물의 욕구에 따르기 위해 하느님 은총의 느낌을 저버리는 것은 불충실한 일이다. 온갖 은총을 저버리는 행위에 대해 하느님께서는 그를 벌하시지 않을까? 우리는 사랑 자체이신 그분을 사랑하자! 세상과 인간의 허영심과 쾌락을 피하는 바로 그때 우리는 영성생활의 첫걸음을 내딛는 것이다. 수치와 멸시를 포옹할 때, 우리는 더 앞으로 나아가게 된다. 십자가의 어리석음 안에 우리 자신을 숨기면 우리는 우리의 작은 배로 육지를 떠나서 영원한 항구(港口)인 최고의 선이시요, 거룩한 사랑 자체이신 그분의 품 속에 안기게 될 것이다.

예수께서 십자가와 멸시와 가난으로 우리를 앞서가시며, 나를 따르라고 사랑스럽게 초대하시는 것을 우리는 바라만 볼 수 있겠는가? 세상은 빛이 없기 때문에 용서해 줄 수 있지만, 우리는 어떤 변명으로 용서받을 수 있을까? 바보로, 그리고 모든 인간 가운데 가장 멸시받을 자로 간주되는 것은 나에게 큰 은총이 되어야 한다. 또 내가 하느님께 성실하고 모든 은총의 이끄심에 따르려고 하기 때문에 생명을 잃어버리는 것마저도 하느님께 충실히 살다 죽는 것보다 이 세상에서 무슨 더 좋은 일을 할 수 있겠는가? 네가 완전해지고 싶다면 하느님이 아닌 모든 것으로부터, 특히 네 자신을 끊어라! 네가 하느님을 만나고 싶다면 네 자신을 찾지 말고, 비록 그것이 영성생활에 도움이 되는 것 같더라도 결코 네 유익과 이로움에 시선을 두지 말고 하느님의 영광에만 목표를 두어라.

《나의 하느님! 이제부터 나는 온전히 당신의 것이 되고 싶습니다. 당신의 자비에 의지하여 심사숙고한 후, 완전하고 단호한 의지로 당신 소유이기를 원합니다. 당신은 나에게 은총의 달콤한 이끄심으로 이런 강한 충동을 주십니다. 오, 끝없이 아름다우신 자여! 나는 당신의 꾐에 이끌려(예레미야 20:7) 저항할 수가 없습니다. 나를 당신께 온전히 맡겨 드리며 나는 완전히 당신의 것이나이다. 당신 외에는 아무 것도 원하지 않으려고 이제와 영원히 모든 피조물과 결별하렵니다. 당신 외에 내가 하늘 나라에서 무엇을 소유할 것이며 땅에서 무엇을 추구하겠습니까? 내 영혼과 육신이 쇠하여지더라도 당신은 영원히 내 마음의 반석이시며 구원이시나이다. 나는 천국에서 당신 외에는 아무 것도 바라지 않습니다. 그렇다면 땅에서 무엇을 또 바라겠습니까?》

"당신 아닌 누구가 하늘에서 날 위해 주오리까. 당신과 함께 있노라면, 즐거울 것 땅에는 없습나이다"(시편 72:25).

4. 영성생활의 기초는 믿음과 사랑으로 예수 그리스도와 하나되는 것이다

예수 그리스도와의 사랑의 일치는 가장 훌륭한 것이다. 그것은 우리를 가장 높은 품위로 올려주고 그분의 소유는 그분과 우리의 공유물이 된다. 그분의 천주성과 인성, 신비 등 모든 것은 우리의 것이다. 진정한 합일은 완전한 우정관계이며 또한 우정은 서로 간의 모든 것을 공동소유하기 때문이다.

오, 예수님! 가련하고, 가난하고, 허무 자체이며 죄인인 제가 당신을 진정으로 사랑하기만 한다면, 당신은 나의 것이오며, 나는 당신의 완전하심과 훌륭하심과 탁월하심을 내 소유로 누릴 수가 있습니다. 나의 무능함에도 불구하고 내 모든 죄의 보상으로 당신을 아버지께 희생으로 바칠 수 있습니다. 예수님과 일치된 내 영혼은 가난하지만 이 결합으로 인해 모든 것을 얻어 한없이 부유하게 되어 그 어떤 것도 아쉽지 않습니다.

나는 내가 예수님께로 시선을 향하지 않는 순간들은 잃어버린 것이라고 간주하고 싶다. 예수님께로 향하는 단 한번의 사랑의 시선은 내 모든 영혼의 상처를 낫게 하고 슬픔을 없애주며, 나의 모든 어두움을 몰아내고, 내 영혼을 황홀한 기쁨으로 가득 채운다. 내 영혼이 자신이 범한 죄로 인해 슬퍼지거나 하느님께로 향하는 길에 어려움들이 있어 괴로움 중에 있을 때, 나의 시선이 예수님을 향하게 되면 즉시 모든 고난이 사라지고 영혼은 고요해진다.

자기 자신에 대한 불신임과 예수님께로 향한 신뢰심으로 인해 우리는 빛을 만드신 아버지로부터(야고보 1:17) 덕행을 실천하는 데 필요한 모든 것을 얻게 된다. 만일 우리가 더 덕행으로 나아가고 하느님과 일치하고 싶어한다면 이 깨달음은 은총으로 말미암아야 한다. 우리는 자신을 낮추고 자신의 본능을 제어하면서 하느님께만 신뢰하며 용기와 힘을 얻도록 해야 한다. 우리의 연약하고 가련한 처지의 통찰이 본성으로 인한 것이라면 인간은 여전히 교만하고 비참한 상태에 머물게 될 것이다. 하느님과 결합을 도모하기보다 하느님과 멀어지게 하는 그릇되고 위험한 겸손의 올무에 빠지지 않기 위하여 이 점에 대단히 유의해야 한다.

참된 겸손은 언제나 진리이다. 그리고 진리는 항상 우리를 자유롭게 하고 용기를 잃게 하거나 실망하게 하지 않는다. 예수님 안에 모든 지혜와 깨달음의 보화가 숨겨져 있기 때문에, 나는 그분께로 가기만 하면 그분께서는 나에게 모든 것을 가르쳐 주실 것이다.

《예수님! 나의 눈을 당신께로 고정시킬 수가 있다면, 당신은 내 생명의 책이며, 안팎으로 하느님의 지혜와 깨달음이 가득차 있음을 볼 수가 있겠습니다. 사랑이요 완전하신 하느님과의 밀접한 합일이며, 하느님 안의 휴식이요 향락이며 깊은 일치 자체이신 나의 진정한 빛이신 예수님! 나로 하여금 당신만을 알게 해 주시고 그 외에는 아무 것도 모르게 해 주십시오! 내가 당신을 알면 나는 하느님의 모든 지혜와 지식을 아는 것입니다. 내가 그 외의 것을 모른다면 나는 피조물의 모든 무지와 거짓을 모릅니다. 이 얼마나 큰 행복입니까!》

모든 성인들이 그들의 완전함을 소유하고 있지만 이는 예수 그리스도에게서 받은 것이다(요한 1 : 16 참조). 하느님께서 자신을 영혼에게 나타내(요한 14 : 21 참조) 보이셔야만 영혼은 진정한 성인의 길로 나아가게 된다. 그 이전에 영혼은 몽매와 암흑 속에 있었다. 하느님의 빛과 사랑의 계시를 통해 영혼은 참된 깨달음과 예수 그리스도와의 내적 결합과 성덕(聖德)에로 인도된다. 예수님의 덕행(인내, 자애, 겸손)은 영혼 안에 새겨진다. 성인들 안에서 훌륭하고 완전한 모든 것은 오직 예수 그리스도의 업적일 뿐이다. 어떤 작품을 바르게 평가하고 그에 맞갖은 찬사를 보내기 위해서는 작품과 더불어 작가에게 더 많은 시선을 보내야 할 것이다.

그분의 성인들 안에서 주님을 찬양하라. 하느님 안에서 성인들을 찬양하는 것은 좋은 일이지만 성인들 안에서 하느님을 찬양하는 것은 더 좋은 일이로다.

성인 중에서 성인이신 그리스도와의 내적 결합을 통하지 않고 다른 방법으로 거룩하게 되는 것은 아무도 희망할 수 없다. 그리스도와 마찬가지로 성덕에 나아가지 않고서는 아무도 그분과의 사랑의 일치 속에 머물러 있을 수가 없다. 예수님과 진정한 그리스도인과의 결합보다 이 지상에서 더 고귀한 것은 아무 것도 없다. 이는 머리와 지체 사이의 결합이다. 이때 우리는 예수 그리스도의 지체로서 머리이신 그리스도의 천주성과 인성에 동시에 결합되므로 그리스도와 우리는 오직 하나이고 동일한 개체가 된다. 이 큰 신비를 섭리하신 하느님이신 아버지를 현양하고 찬미하며 사랑하자. 이는 지체 안에 있는 머리요, 머리로 인한 지체인 것이다.

《예수님, 내 안에서 살으시고 당신의 성령으로 나를 차지하십시오!》

예수 그리스도의 사랑으로 하느님을 사랑하는 것과 그분의 고통으로 고통받는 것은 커다란 신비이다. 이 모든 것을 무력하고 무능한 우리의 공로로 돌리지 말고, 예수님께로 돌려라. 한낱 보잘 것 없는 우리 자신이지만 예수님으로 인해 우리는 온전히 하느님을 위해 존재한다는 것을 인식하게 된다. 이때 우리는 예수님을 소유하는 것에 대해 기뻐 날뛰게 되며, 그분께 대한 존경심으로 가득 채워진다. 그는 예수님을 사랑하지 않고서는 다른 아무것도 할 수 없으며, 자신의 영혼을 예수님께 완전히 봉헌한다. 또한 예수님도 그 영혼에게 자신을 온전히 주시며 그 영혼을 당신과 아주 같아지게 만드신다. 그리고 당신 고통과 거룩한 삶, 그리고 후세에 당신의 영광에도 참여시키신다.

《내 모든 기쁨이시고 보화이신 예수님! 내 영혼은 당신 무한함의 깊은 심연에로 빠져듭니다. 당신의 위대하심에서 나의 생각이 멀어질 때마다 나는 커다란 고통을 받습니다. 언제쯤 나는 오로지 당신과 단 둘만 있게 되겠습니까? 언제나 당신께로 향하는 내 시선과 당신의 눈길 사이를 더 이상 떼어놓지 않겠나이까? 구하오니 나로 하여금 당신을 마음껏 누리게 해 주소서! 당신을 완전히 누리기 위하여 내가 죽어야 한다면 죽게 해 주소서!》

한번 영혼이 예수님과 아주 친밀해지고 그분과의 친교에 익숙해지면 가장 평온한 가운데 영혼은 그분과 이야기하게 된다. 이는 아주 은밀히 감추어지고, 사랑에 넘치고 깊은 예수님과 영혼의 친교이므로 말로써는 도저히 표현할 수가 없다. 영혼은 그분으로부터 가르침을 받으며 그분이 원하시는 모든 것으로부터 인도를 받는다. 예수님께서 영혼을 차지한다면 그 영혼의 생각과 말과 사랑은 오직 하나, 즉 예수님뿐이다. 영혼은 그것을 이해할 수가 없다. 가장 큰 사랑의 불꽃 가운데서도 자신이 예수님을 사랑할 수 없는 것처럼 보이므로 그는 그분을 대할 때 고통스러워진다.

예수님은 밝게 비추시고 꿰뚫으시며 불타는 듯 열절하시다. 간단히 말해서 영혼 자체보다도 영혼 안에서 예수님이 더 많은 자리를 차지하시면 영혼은 자기 자신 안에서보다는 예수님 안에서 더 많이 살게 된다. 느낄 수 있으나 표현할 수 없는 사랑으로 인해 영혼의 모든 것은 예수님 안에서 변화된다.

《사랑하올 예수님! 나는 당신을 알고 있으며 당신이 진리이심을 깊이 느낍니다. 그리고 다른 모든 것들은 허무이고 아무 것도 아닙니다. 그러하오니 내 영혼을 다스리소서. 내 마음 가운데 당신의 나라를 세우시고 당신께서 원하시는 대로 내게 명령하소서! 내 마음은 당신의 것이오니 내가 당신 안에서, 당신을 위하여 살 수 있도록 당신 뜻에 대한 순수한 애착심에서 더 이상 떠나가지 않게 해 주소서! 당신은 영원으로부터 영원까지 살아계시며 다스리시나이다.》

5. 예수 그리스도의 생각과의 일치, 그리고 그분의 정신에 대하여

우리가 예수 그리스도의 지체로서 그분의 영으로 다스려지고, 활기차게 될 수 있도록 우리는 그분의 내면을 모범으로 삼아야 한다. 그리스도인으로서 우리는 그분의 은총과 비추심과 가르치심과 취미와 일거일동에 한 몫이 되어야 한다. 이는 우리가 예수님 안에서 변화되고 완전히 그분과 함께 일치되기 위해서이다. 이것이 바로 참다운 그리스도교 신자가 되는 것이며, 그리스도인으로 행동하고 고통받을 수 있도록 하는 것이다.

일반적으로 사람들에게는 참된 그리스도인으로서의 생활에 대한 인식이 부족하다. 심지어 교회 안의 지성인들까지도 "그리스도인들은 하느님과 이웃을 위하여 많은 선행, 즉 가르침과 설교와 애긍… 등 많은 활동을 해야 하는 것"으로 규정짓는다. 이러한 모든 것도 좋지만 그리스도교 신자가 되는데 중요한 것은 우선 내적 생활이 형성되어야 한다. 이 내적인 것은 영혼의 통찰력과 깨달음, 감각과 애착 안에서 이루어진다. 이러한 것이 좋으면 하느님의 뜻에 따라 행하는 모든 것도 좋을 수밖에 없다.

덕행의 진정한 아름다움은 예수 그리스도의 내면에 군림한다. 예수님은 다볼산에서의 영광과 기쁨, 골고타에서 십자가상의 고통 중에서도 아버지의 마음에 드는 것 외에는 아무 것도 안중에 없었다. 모든 처지에서 그분은 "그렇습니다. 아버지! 이것이 아버지께서 원하신 뜻이었습니다"(마태오 11 : 26) 라고 말씀하신다. "이러한 모든 것은 아버지의 마음에 들기 때문에 내 마음에도 듭니다" 라고 말씀하시는 것이다. 십자가를 통해 인간들의 잃어버린 지복을 되찾는 것이 아버지의 마음에 들기 때문에 장차 누릴 기쁨을 생각하고 예수님은(히브리 12 : 2 참조) 십자가를 선택하셨다.

한 영혼이 예수님의 영과 순결한 마음과 같아지면 같아질수록, 그는 더욱 더 십자가를 사랑하게 된다. 그러므로 영혼은 자기 자신과 자신의 묵은 인간을 더 이상 발견할 수 없도록 자주 예수 그리스도의 고귀한 마음의 바다 속에 잠겨들고 자신을 잃어버려야 한다.

《지극히 거룩하고 고운 예수님의 영혼이여, 당신 친히 내 영혼이 되어 주소서. 나는 당신을 통해서가 아니라면 어떠한 것에도 동요해서도 안되겠습니다. 지극한 사랑으로 변함없이 당신만을 바라보겠습니다.》

우리가 옛 아담으로부터 전혀 물듦이 없는 예수 그리스도의 내면과 동일하게 될 때만 우리의 덕행은 순결한 것이다.

모태로부터 우리 모두는 묵은 인간의 옷을 입은 채 태어났는데 이 옷은 깨끗하지 못하다. 우리는 그것을 벗어야 하고 다시금 새로운 인간인 예수 그리스도로 옷입혀져야 한다(로마서 6장 참조). 이 옷이야말로 완전히 순결한 것이다. 영혼이 예수 그리스도의 내면으로 들어가게 되면, 영혼은 그의 생각과, 그의 깨달음, 그의 영으로 옷입게 된다. 만일 영혼이 정결의 원천이신 예수 그리스도의 내면의 샘에서 생명수를 퍼마시게 되면 인간의 타락된 내면이 없어지고 만다.

이는 얼마나 아름답고 사랑스럽겠는가? 하지만 예수 그리스도의 생각과 영으로 완전히 옷입은 영혼은 얼마나 드문지! 내 영혼아, 전력을 다하여 이를 향해 전진하여라! 이것이야 말로 모든 왕국을 소유할 수 있는 것보다 더 귀하고 가치있는 것이다. 《나의 하느님! 온갖 영예와 생명과 모든 것을 십자가상에서 버리셨던 예수 그리스도의 그 어리석음을 나도 따르고 싶습니다. 이토록 예수님은 모든 일에 있어서 아버지의 뜻을 이루시고자 당신 사랑과 성실을 드러내 보이셨기 때문입니다.》

예수 그리스도의 내면은 완전한 거룩함과 순결한 감수성의 깊은 바다이다. 천주성은 예수 그리스도의 내면에 흐르고 있는 원천이다. 흠숭하올 예수 성심은 인간들에게 그것을 알려 주고, 또 그들을 그로 인해 부하게 만드시려고 이 원천을 받아들이고 보존하는 보화이다. 이 무한하고 끝없이 부유한 보화 속에서 모든 것을 발견할 수 있기 때문에 그것으로써 그들은 극도의 가난을 보충하고 채우게 된다.

영혼이 피조물로부터 잘 정화되어 예수님의 내면으로 평온하고 경건하게 흘러 들어가게 되면, 영혼은 그곳에서 양분을 섭취하고 영혼이 하느님의 사랑을 향해 그렇게도 갈망했던 만큼 채워지게 된다. 네 힘으로 사랑하려는 헛된 노력을 기울이거나 그것으로 충분하다고 생각치 말아라! 네 사랑은 매우 속되고 불완전하므로 영원하신 아버지께서 그분의 아드님께, 그리고 독생성자가 아버지께 가진 그 사랑에 항상 마음을 두고 그에 몰두하여라.[2] 왜냐하면 이렇게 함으로써 예수 성심 안에서만 사랑하고, 또 사랑받고 싶으신 아버지의 열망이 완전히 채워지기 때문이다.

　우리가 무엇인가 하느님의 마음에 드는 것들을 행하면, 그것은 우리가 행했기 때문이 아니고 우리가 예수님과 일치해서 한 것이므로 하느님의 마음에 드신다. 그것은 우리가 조금이라도 그분과 비슷해졌고, 그분 안에서 모든 일을 했기 때문이다. 그러나 이 사실을 완전히 알아들을 수 있는 영원한 날이 올 때까지 우리는 그분을 흠숭하면서 기다려야 한다. 우리의 영성 생활은 예수 그리스도와 일치되어 사랑의 친교를 나눌 때에만 존재하는 것이다. 우리가 이러한 사실을 알고 좋아하는 데에 그치지 않고 이것을 실천하는 것이 중요하다.[3] 이는 우리가 살고 있는 세속과

주 2) 여기서 우리는 "그러면 나의 아버지께서도 그를 사랑하시고 아버지와 나는 그를 찾아가 그와 함께 살 것이다"(요한 14:23)라는 성서 말씀대로 의인의 영혼 안에 삼위일체이신 하느님께서 현존하심을 실생활에 적용시킬 수 있다.

주 3) 보다 완전히 예수님과의 일치 속에서 살고자 하는 열심한 영혼들에게 많은 성인들과 역대 교황들은 루이 마리 그리용 드 몽폴 성인의 정신을 따른「마리아에 대한 완전한 신심」(하 안또니오 신부 옮김)의 생활화를 권한다.

본성의 육적인 가치와는 완전히 반대로 된다는 것을 뜻한다. 예수님이 이 세상에 오셨을 때, 고향 사람들로부터 환영받지 못하고(요한 1:11 참조), 세상으로부터 인정받지 못했던 것처럼, 지금 우리도 그렇게 되어야 한다.

예수님이 가난한 목수의 아들로서 외양간에서 탄생하시고 죄인으로 멸시와 박해와 심지어 고소를 당하여 유죄 판결을 받고 치욕적인 십자가형으로 돌아가시는 것을 사람들이 보았을 때, 그들은 그분을 약속된 메시아로 여기지 않았다.

《오, 예수님! 오늘날도 마찬가지로 당신은 지금 이 시간에까지 잘 알려지지 않고 있습니다. 그리스도교 신자라고 말하는 사람들조차도 당신을 자기 안으로 받아들이지 않고, 당신의 영과 당신의 가르치심을 생활화하지 않습니다. 심지어는 열심하다는 신자들이나 수도자, 성직자조차도 당신처럼 가난과 멸시받는 생활을 사랑하려고 하지 않고 오히려 외면해 버리고 맙니다.

세상의 명예에 대한 갈망과 멸시받기를 두려워하는 마음이 그들 안에 너무도 크게 자리를 차지하고 있습니다.》

예수님의 됨됨이와 신비는 우리에게 모범만 되는 것이 아니라 우리 안에서 똑같은 형태로 작용한다. 즉 우리가 예수님을 따르기 위해 고통받게 될 뿐 아니라, 고난 중의 예수께서 당신의 능력으로 당신의 고통에 동참하는 은총을 우리에게 주시고 당신과 고난을 같이 나누게 하신다(필립비 3:10). 우리가 기도하고 있을 때나 관상 중에 있을 때 현존하시는 예수님을 느끼고 아버지께 기도하신 그분의 모범을 따르고자 하는 것은 저절로 되는 것이 아니고, 그분께서 기도의 정신과 은총을 우리에게 박아주시기 때문이다. 그리하여 예수님은 모든 것을 우리 안에서 우리를 통해 행하신다. 만일 우리가 우리 안에서 활동하시는 그분을 방해하지만 않는다면 우리는 그분의 소유가 되고, 거주지가 되며, 그분으로부터 인도받게 되고 그분은 우리 안에서 모든 것을 하시는 우리 영혼의 영혼이 되신다. 우리가 내면에서 그분의 신적 활동을 방해하지 않기 위해서는 우리의 순결과 성실성을 요구하게 된다.

무절제한 본성의 경솔함은 악마의 모든 유혹보다 더 해를 끼칠 수가 있다. "여러분이 이 세상에서는 이미 죽었기 때문입니다. 여러분의 참 생명은 그리스도와 함께 하느님 안에 있어서 보이지 않습니다"(골로사이 3:3)라는 사도 바울로의 말씀이 생각났을 때 나는 이 세상과 친구들을 떠나 하느님만이 아시는 곳으로 가 그분 안에서 숨어서 살고 싶었다. 왜냐하면 이것이야말로 사도가 하신 말씀의 참 뜻이라고 생각했기 때문이다.

예수께서는 "하느님의 영광을 드러내는 찬란한 빛"(히브리 1:3)이시면서도 나그네생활의 비참함과 어두움 속에 당신 자신을 숨기시고 세상에 드러내시지 않았듯이 나도 그분처럼 나를 그분 안에 숨기고 싶다. 또 예수께서는 산위에서 하느님께 기도하시고 (루가 6:12) 관상 중에 계실 때 당신의 천주성을 완전히 숨기시고 당신 자신만 아셨듯이 나도 그분처럼 나를 그분 안에 숨기고 싶다. 이렇게 나는 그리스도가 하시는 모든 것을 그분 안에서 행하려고 나의 이성과 의지와 나의 영혼을 그분의 영혼에 결합시키며 그분의 상처 속으로 숨는다. 내가 만일 여행을 하게 되면, 나는 그리스도의 발의 상처에 숨어 들어서 나의 모든 걸음을 그분의 것과 결합시킨다. 그리스도가 모든 것을 하늘에 계신 아버지의 영광을 위해서만 하신 것처럼, 나 역시 그외 것을 위해서는 지상에서 발자국 하나 떼기도 원하지 않는다. 내가 이웃에게 봉사할 때에 어떠한 사람에게도 보여지지 않기를 바라며, 모든 것을 그리스도 안에서, 그리스도를 통해서 하기 위하여 나는 그분 손의 상처 속으로 숨는다. 내가 좋은 일을 했거나 칭찬받을 만한 일을 했을 때도 어느 누구로부터 칭찬을 받고 싶지 않으며, 오로지 그리스도께서만 나를 보아 주시고 모든 이로부터 그분이 찬양받으시고 만사에 있어 그분께만 감사드려지기를 원한다. 나는 다른 이 앞에서 뿐만 아니라 내 자신 앞에서도 숨고 싶다. 나의 생애가 그리스도와 함께 하느님 안에 완전히 감추어져 있도록(골로사이 3:3 참조) 나는 그분 옆구리의 상처 속에 숨는 것을 가장 좋아한다. 그곳에서 나는 하느님과 인간에 대한 사랑으로 불타는 그분의 심장을 발견하기 때문이다. 내가 그분의 성심으로부터 얼마나 사랑받고 있는지 볼 때에 나의 기쁨은 이루 표현할 수가 없다. 그리스도께서 끊임없이 보여주시는 세심한 사랑의 표시로 나는 그분의 사랑을 충분히 확신하게 되므로, 나는 나의 불성실에 대한 슬픔과 비참한 내 처지를 잊어버리고 그분 사랑의 풍요함과 아름다움에 대한 기쁨으로 충만하게 된다. 이러한 순간이 나에게는 세상의 모든 쾌락보다 훨씬 더 좋다.

《오, 예수님! 당신은 문이시고(요한 10:7) 길이시며 목표이십니다(요한 14:6 참조). 나를 사랑하시어 구유에 누우신 당신의 가난함과 유년시기의 나약함, 십자가상의 발가벗음, 죽음의 능욕과 수치에까지 이르도록 깊이 당신을 낮추셨음을 바라보면, 사랑이신 당신의 입에서라기보다는 당신 성심의 상처로부터 나를 향해 한 음성이 들려오는 것 같습니다.

나는 문이다. 이곳으로 들어가면 나와 더불어 너는 기뻐하게 될 것이다(요한 10:9).》

이 음성이 바로 당신을 따르도록 나를 격려해 줍니다.

6. 예수 그리스도의 숨은 생활을 본받음으로써, 그분과 같아짐에 대하여

예수님은 나자렛의 가난한 움막에서, 미천한 일을 하신 목수의 작업장에서, 당신의 지식과 권능과 위엄을 숨기신 가운데 30세까지 보내셨을 뿐만 아니라 인간들 중에서 가장 작은 자로서 평범한 생활을 숨어서 하셨다. 그분은 이런 점에서 하늘에 있는 천사들을 매혹케 하며, 모든 인간들을 부끄럽게 하는 가장 깊은 겸손의 가르침을 우리에게 주신다. 그분은 인간을 복되게 하고, 아버지의 영광을 현양시키려는 열망에 불타셨다. 그러나 아무것도 시작하지 않으신 채 겸손과 멸시와 침묵 가운데 오랫동안 숨어서 살으셨다.

이것으로 보아서 그분께 이러한 생활이 얼마나 마음에 들었으며, 이 생활은 또 얼마나 하느님께 영광이 되었을까? 아울러 그분은 우리가 이 점에 주의를 기울이기를 원하며 온갖 정성을 다하여 따르기를 간절히 바라신다. 그러나 우리는 암흑 속에 머물러 있는 숨은 생활은 얼마나 싫어하는지!

외적으로 볼품이 없는 복음적인 덕행 즉 가난, 겸손, 인내를 우리는 얼마나 회피하려 하는지! 인간은 자신을 드러내보이고 싶은 경향을 지니고 태어났다. 어디에서나, 심지어 덕행에 있어서까지 우리는 이 허영심에 덕행의 색칠을 하려고 한다. 우리는 이웃에게 봉사해야 하며 사랑을 실천해야 한다. 사랑은 가장 탁월한 덕행이다. 물론 이 사랑은 빛을 발하지 않고서는 이루어질 수가 없다. 그러나 이 모든 것은 덕행의 순수성을 손상시키지 않으면서 이루어지기가 아주 어렵다.

너는 결코 자의로 장상직위나 명예직위를 얻으려고 힘써서는 안된다! 하느님께서 너에게 그 직책이 당신의 뜻이라는 것을 알려 주실 때를 제외하고는 너에게 너무 큰 위험이 도사리고 있다. 다른 이의 구원을 위해 활동할 기회를 주는 높은 직책이 있으면, 우리는 열심이라는 핑계로 즉시 손을 뻗치게 된다. 하지만 그로 인해 자주 우리는 갈등에 빠지고, 미소한 덕행들을 잃어버릴 기회를 갖게 된다. 하느님의 뜻에 대한 순명으로가 아니라면 어떠한 직위도 받지 않아야 한다. 그것도 자기 자신에 대한 커다란 불신을 가지고서만 받아야 한다. 또 멸시받고, 가난하고, 고통받는 삶이 우리에게는 더욱 더 안전할 것이다. 비록 그것이 더 미천하게 보이고 세상으로부터 더 적은 칭찬을 받게 되더라도 더 안전하다. 완전히 하느님을 위해 살기를 원하는 영혼은 완덕으로 향하는 데 모든 장애가 되는 것을 피하고 덕행의 순결을 보존하기 위해 큰 비추심과 성실함과 용기를 필요로 한다.

아직 성숙한 기도생활에 이르지 못한 사람은 비록 좋은 일일지라도 외적 활동에 즉시 뛰어들지 말아야 한다. 그렇게 하면 그는 항상 미숙한 상태에 머물게 된다. 너보다 더 우수한 사람들이 그들이 받은 은사에 따라 하느님을 위해서 위대하고 찬란한 업적을 이루는 것을 볼 때 너는 즉시 그들을 모방하려 하지 말고, 너는 네가 받은 은사에 따라 성실하면서 질투심을 내지 말고 다른 이의 은사를 찬탄하여라! 빛나는 업적과 세상에 있는 높은 직위들이 만일 하느님과의 일치의 수단으로 사용되지 못한다면, 그것은 허영심에 불과하다. 단 한 가지의 은총이 전 세계를 차지하는 것보다도 더 가치가 있는 것이다. 하느님을 현양하려고 노력하는 사람과 하느님께서 그에게 원하시는 일 외에는 자신을 아무 것에도 관계시키지 않는 자들은 하느님의 영광을 위해 많은 일을 할 수 있다. 왜냐하면 그는 해야 할 일만 하기 때문이다.

나는 초자연적인 비추심으로, 모든 현세의 일을 한 줌의 흙과 같이 생각한다. 만일 의무가 없는 데도 우리가 이러한 일에 종사하게 되면, 그것은 나에게 마치 악취가 나는 썩은 짐승의 시체를 질질 끌고 돌아다니는 것처럼 보인다.

우리는 자주 너무나 많은 다른 일들을 생각하기 때문에 이러한 사실을 곧잘 잊어버리곤 한다. 우리는 다른 사람들에게 무익한 존재가 되지 않을까 하는 두려움에서 가난과 멸시를 싫어한다. 그러나 우리가 완전히 하느님께로만 향하게 된다면, 우리 자신은 가난과 멸시로써 대단한 유익을 얻게 된다. 우리를 유혹으로 이끌고, 간교한 방법으로 우리가 받은 은총으로부터 우리를 멀어지게 하는 그러한 일들에 부딪치지 않도록 만사에 우리는 조심해야 한다. 우리에게 그러한 종류의 유혹이 엄습하면 우리는 그것들을 무시해야 하며, 우리 주 하느님께 더할 수 없이 충실해야 한다.

완전히 하느님만을 위해 있고자 하는 내 영혼의 몫은 오직 하느님뿐이다. 하느님만이 그에게는 충분한데 영혼은 무엇을 더 바랄 수 있겠는가? 너의 생애 중에 가장 아름다운 날들과 너의 하루 중에 가장 좋은 시간들은 하느님과 함께 보내도록 하라. 육신의 일과 현세적인 생활로 인해 이 시간을 빼앗기지 않도록 하라! 이들은 너에게 기도와 사랑의 생활을 위한 여가가 없도록 모든 시간들을 빼앗아간다. 그러므로 기도하기 위해 자유로워지도록 모든 것을 떠나라!

우리가 신적인 삶을 영위하기 위하여 창조되었다는 것에 기인하는 **단** 한 가지의 필요한 것(루가 10:42)을 위하여, 그외의 일들이 무가치한 시간의 낭비라는 것을 깨닫고 이것으로부터 헤어나는 사람들은 참으로 현명하다.

사람들은 보통 무슨 일을 하면서 그들의 생애를 보내게 되는가? 쓸데없는 말과 어리석은 허영심과 악습으로 허송세월을 보낸다. 단 15분간이라도 하느님 안에서의 삶이 수년 동안의 쓸데없이 보내는 인간적인 삶보다 훨씬 더 좋은 것이다. 하느님 안에 숨어사는 것이 무엇인지 모르는 세속인과, 또 사람이 외적인 일로 항상 분주히 일하지 않으면 무용한 사람이라고 생각하고 있는 세상 심리는 우리를 항상 밖으로 나가 많은 일에 몰두하게 한다.

세상은 가끔 우리에게 좋은 직위를 부여하고 우리에게 분주히 일할 기회를 제공해 주면, 선심썼다고 생각한다. 만일 우리가 그보다 더 중요하고 좋은 일을 모른다면 그것은 틀림없이 좋은 일일 것이다. 그러나 최상의 것은 하느님께 몰두하는 것이며 신적인 삶을 영위하는 것이다. 나의 의무가 아닌 어떤 일을 잊어버린 것을 책망하고 이에 대해서 누가 답변을 요구한다면 "나는 내가 도저히 떠날 수 없는 일 중에 있었습니다. 그래서 그 일은 다음 기회에 하겠습니다. 왜냐하면 나는 이 세상을 위한 일로 떠날 수 없는 하느님과 친교 중에 있었기 때문입니다"라고만 대답하겠다. 나는 물론 여기에서 순명으로 각자가 맡은 소임에 소홀하라는 것이 아니다. 하느님의 뜻이 원하는 이러한 소임을 소홀히 하고 기도 중에 개인적인 애착을 지님으로써 '열심'을 잘못 이해하는 수가 있다. 하느님의 뜻을 떠난 하느님과의 모든 감각적인 결합은 착각이다.

"당신은 오늘 오전에 어디에 있었습니까?" 하고 누가 물어본다면 "나는 집에서 중대한 일을 하였습니다"라고 대답하겠다. 왜냐하면 하느님의 지고하심을 찬양하고 그분 품 안에서 쉬는 것보다 더 가치있는 일은 없기 때문이다. 우리는 세상에 우리의 비밀을 드러내지 않고서 세상으로부터 이탈되도록 이렇게 세상의 시선을 피할 수 있다. 하느님과 결합하고 그분의 내면에서 활동하는 것이 결코 한이 없는데 이 큰일을 가지고서 우리는 어떻게 할 일이 없다고 말할 수 있겠는가? 우리는 다음과 같이 말해야 한다. 즉 "나는 할 일이 많습니다. 하느님은 언제나 내 안에 홀로 계시니 나는 그분과 친구가 되어야 합니다. 그분은 진정 나와 가까이 계시기 때문에 그분과 닮아지도록 그분과 일치되어야 합니다."

감각적인 사물과 볼 수 있는 세상은 우리의 영혼을 매혹시킨다. 이들은 우리가 아름다운 영성적 세계를 보지 않도록 우리를 현혹하여 시간을 낭비하게 한다.

세속적인 교제는 허영심과 자기 만족과 사람들의 마음에 들고 싶어하는 죄를 범할 위험이 따른다. 우리는 우리와 함께 사는 사람들의 뜻과 사고방식으로 쉽게 채워지므로 하느님으로부터 멀어지게 되고, 물들기 쉬운 세속의 정신을 받아들인다. 이 세속 정신은 예수님이 소중히 여기시는 것을 경멸하고 하느님 앞에 불미한 것을 찬양한다.

그래서 나는 고독하게 살고 홀로 하느님과 친밀하게 지내고 싶은 커다란 원의를 느낀다. 내 영혼아, 이 세상이라는 감옥에서 우리는 탈출하자! 이 지상을 떠나 성인들의 무리 속으로 들어가자! 하느님 안에서 그들과 더불어 기뻐하기 위해! 내게는 그분만이 필요하고 그분은 영원한 분이시다. 하느님이 아닌 모든 것은 아무 것도 아니다. 쾌락으로 번쩍이는 세상을 더 이상 바라보지 말라! 이러한 것들은 우리가 영원한 삶의 아침에 깨어 눈을 뜨자마자 사라지는 꿈이나 태양 앞의 그림자 같다. 하지만 사막에도 가시가 없는 것이 아니듯 고독함에 십자가가 없는 것이 아니다. 그 안에서는 감각의 기쁨도, 부유함이 주는 안락함도, 세상의 영예도 발견하지 못한다. 그곳은 가난과 보속과 멸시와 죽음의 장소이다. 본성이 두려워하는 것을 은총은 사랑하며 그 안이 자기 본연의 영역인 양 고요히 잠겨든다.

진정한 고독은 영혼의 고독이다. 즉 영혼이 모든 피조물로부터 자유로워지고 하느님께만 매달리고 그의 내적·외적 감각이 그분 안에서만 보존된다면 영혼은 고독하다. 우리가 하느님과 그분의 마음에 드는 것 외에는 아무 것도 듣거나 이야기하려 하지 않고 우리의 의지가 하느님 외에는 아무 것도 사랑하고 싶어하지 않는다면, 우리는 언제나 고독 중에 머물게 된다. 설사 우리가 다른 사람들과 교제하게 되더라도 마찬가지로 우리는 고독을 잃지 않는다. 그리고 우리의 혀와 귀와 눈도 고독 속에 잠겨 오로지 하느님과 단둘이 있게 된다. 우리가 하느님 외에는 아무 것도 생각지 않는다면 기억력에 있어서도 마찬가지이다. 우리가 하느님만을 제외하고는 아무 것도 알고 깨닫고 사랑하고 싶어하지 않는다면 이성과 의지에 있어서도 그러하다.

진정으로 고독한 사람은 땅을 발 끝으로만 내딛듯이 부득이한 경우에만 직무에 종사하는 사람이며, 그들은 하늘의 시민으로(필립비 3 : 20) 완전히 하늘에 계시는 하느님께만 향하는 사람이다.

하느님께서 나에게 마치 다음과 같이 말씀하시는 것 같다. "모든 것을 포기하는 데 성실하여라. 그러면 나는 너를 어떠한 피조물도 방해하지 못하는 내적 고독에로 인도하리라. 그곳에서 나는 네게 사랑을 속삭여 주리라"(호세아 2 : 16 참조).

"오, 하느님! 내가 유일하신 하느님과 혼자 있게 된다면 어떠한 행복이 나를 기다리고 있는지요!" 세상으로부터 알려지지 않고 멸시받으며 하느님 외에는 의지할 곳도 없이 십자가와 비참으로 짓눌려 있게 될 때에 나는 진정으로 "그분은 나의 전부이며 나는 이 세상에서 육신만을 이 땅에 둔 죽은 자와 같고 꼭꼭 숨겨져 있다!"라고 말할 수 있을 것이다. 그렇다. 나는 더욱 더 하느님 안에 숨어 있겠다. 그리고 만일 내가 끝없는 완덕 자체이신 이 위대한 분에게로 시선을 향하게 되면 감각적인 모든 것을 나는 쉽게 잊어버릴 것이다. 나는 세상에 있는 아름다운 것을 더 이상 보고 싶어하지 않을 것이다. 왜냐하면 한없는 아름다움은 하느님 안에 있기 때문이다. 내 안은 하느님의 찬란함으로 채워지기 때문에 세상의 어떠한 찬란함도 보잘 것 없는 것으로 나에게는 평가될 것이다. 명예욕은 내 안에서 더 이상 생기지 않을 것이다. 왜냐하면 하느님에 비하면 나에게는 모든 것이 한없이 천하고 쓰레기같이 보이기 때문이다. 우리를 이 세상살이에서 괴롭히는 어떠한 번거로움이나 불쾌함과 슬픔이나 그 어떤 것도 나를 더 이상 억누르지 않는다. 그것은 내가 하느님의 기쁨 가운데 있게 되기 때문이다.

그분의 기쁨은 곧 나의 기쁨이다. 내가 겉으로 곤궁에 쌓인 자처럼 보인다면 나는 얼마나 복된 자인가! 나는 아무 것도 갖지 않은 것처럼 보이지만 나는 얼마나 부유하게 되었는가!《하느님! 나는 당신으로 충분합니다. 당신 안에서 나는 모든 것을 찾습니다. 당신은 나의 부유함, 나의 영광, 나의 하늘이며 땅, 나의 전부, 나의 지탱, 나의 기쁨, 나의 희망이십니다. 나의 온 행복은 당신 외에 다른 모든 것을 경멸하고 잊고 온전한 자유 안에서 당신을 누리는 데 있습니다.》

7. 가난을 사랑하신 예수 그리스도의 숨은 십자가 생활을 본받음으로써 그분을 닮음에 대하여

 인간은 누구나 자기의 특별한 취향을 갖게 마련이다. 예수님은 세상에서 재산, 쾌락, 기쁨이나 명예에도 관심을 갖지 않으시고, 가난과 멸시와 십자가만이 그분께 매력이 있었다. 본성으로 우리는 이러한 것들에서 아무런 즐거움도 느낄 수 없지만 은총은 우리에게 예수님의 취향을 알게 해 주므로 우리는 그분이 좋아하시지 않는 일에 대해서 불쾌와 혐오감을 가지며, 그분의 지혜가 좋다고 여기는 모든 것에 기쁨을 갖는다. 즉 본성을 꺾는 것과, 자기 이탈과 자신을 십자가에 못박는 것들이다. 만일 한 영혼이 이러한 데에 맛들이게 되면 이런 음식으로 배불리고 하느님의 사랑과 함께 만찬을 나누는 것이 그의 기쁨이다 (요한 묵시록 3:20 참조).

 오, 눈뜬 장님과도 같은 세상이여! 너는 가난하고 멸시받은 예수님 생애의 아름다움을 알아보지 못하는구나. 그분의 가르치심과 교의만이 그 홀로 진정한 빛이시다. 네가 가진 모든 것은 헛된 암흑과도 같다. 너의 생각과 희망과 소원, 너의 두려움과 일거일동이 혼란과 어두움이로구나. 네가 빛 가운데 걷지 않기 때문에 걸음걸이마다 발을 헛디디게 되며, 예수님 외에는 아무도 너를 빛 가운데로 인도할 수가 없다. 왜냐하면 지상에서 모든 빛의 근원이 태양이고 또 태양 없이는 암흑이 지배하는 것처럼 예수님은 모든 신적 빛의 원천이기 때문이다. 그분의 빛으로 비추이지 않은 곳과 그분의 가르치심이 알려지지 않은 곳은 헛된 암흑의 세계이다. "나는 세상의 빛이다. 나를 따라오는 사람은 어둠 속을 걷지 않고 생명의 빛을 얻을 것이다"(요한 8:12)라고 예수께서 말씀하셨다.

모든 사람들이 나에게 "영광과 쾌락과 부유함은 참으로 바람직한 재산이다"라고 말한다면 나는 "사람은 다 믿을 수 없다" (시편 115:2)라고 대답하겠다. 그리고 나는 가난과 고통과 멸시가 진정한 재산이라는 것을 말과 표양으로 보여 주고 또한 그리스도인이 모든 것을 초월하여 경외하고, 사랑하고 찾아야 하는 영원한 진리에 매달리겠다. 만일 초자연적인 빛의 크고 힘찬 줄기가 그의 마음 속으로 스며들지 않는다면 그 누가 이 일을 "좋이 살피며… 깊이 깨칠고?"(시편 106:43) 이 빛 가운데서 진리와 거짓을 분별할 수 있는 사람은 복되도다!

내가 한번 밤중에 깨었을 때 나는 이렇게 말하였다. "떠나라, 떠나라, 피조물들이여, 나에게서 멀리 떠나가라! 나를 오직 하느님께 맡기고 내 주위를 떠나 가다오. 궁핍과 가난, 멸시와 고통아 어서 오너라. 너희는 예수 그리스도의 수행원들이니 나는 기꺼이 너희들에게 팔을 벌려 환영하노라." 나는 즐거이 온갖 문명의 이기(利器)를 포기하고 사용하지 않겠다. 아름다운 집들과 정원들과 다른 외적 향락들은 예수 그리스도께서 거주해야 할 곳에 세상과 본성의 정신이 깃들도록 돕는 것이다. 그분의 가난과 멸시와 고통과 그의 모든 수행원들이 가장 즐거이 머무는 곳은 축축한 동굴과 초라하고 누추한 움막이다. 예수님의 정신은 세상과 본성이 만족하는 그 어떤 것도 허용할 수가 없다.

내 영혼아, 용기를 내어라! 너는 고통과 가난을 떠나서는 결코 행복할 수 없을 것이다. 슬퍼하지 말아라! 너의 유일한 즐거움은 네 하느님을 현양하는 것이며, 네가 가장 사랑하는 그분께 매달리는 것이다. 네가 그분을 닮는 것이 그분의 큰 기쁨이다. 용기를 잃지 말아라! 한 걸음도 여기서 뒤로 물러서지 말고, 너를 박해하는 사람들로부터 벗어나기를 원하지 말아라! 하느님의 마음에 드시는 일에 자신을 맡기는 사람들에게는 사악한 일이 생길 수가 없다. 그러나 각자가 자기 나름대로, 자기 마음에 드는 대로 완전해지기를 원하는 것은 참으로 가련한 일이다.

길이요, 진리요, 생명이신 분은(요한 14:6 참조) 예수 그리스도 한 분뿐이시며 이 길은 가시밭길이다. 이 진리는 완전한 자아포기와 우리의 무가치함을 깨달을 때 발견하는 것이며, 이 삶은 완전히 초자연적인 것이다. 완전히 은총이요 본성적인 것이 아니다. "예수님은 영원히 변하지 않으시는 분입니다"(히브리 13:8 참조). 완전히 예수 그리스도로 옷입기 위해 모든 것에서 벗어남은 얼마나 고귀한가! 나는 예수님께서 친히 걸으시고 또 당신을 따르도록 나를 부르시는 이 길을 성실하게 따르기로 결심하였다. 내가 언젠가 완전히 헐벗게 되면 나는 기쁘게 노래할 수 있을 것이다. "우리의 영혼은 새와도 같이, 사냥꾼의 올무를 벗어났으니, 올무는 끊어지고 우리는 살았도다"(시편 123:7). 그리하여 나의 영혼은 거룩한 자유와 하느님의 순수한 사랑에로 들어가게 된다. 예수님의 숨은 생활은 내 마음속 깊은 곳에 자리하고 있다. 왜 내가 이 깊은 감명에 저항할 수 있겠는가? 사람들은 각기 그들의 소명과 직업에 따라 공공이익을 위해 많은 활동을 하더라도. 나의 소명과 몫은 하느님께 대한 사랑에 불타 기도 중에 인내하고 가난하고 천대받는 삶을 영위하는 것이다.

《오, 예수님! 내 마음의 벗이여, 내가 당신의 삶을 영위하도록 이 마음 속에 당신의 성령을 보내 주십시오! 당신의 자기 비하는 나에게 얼마나 위대하게 보이는지요! 천대받는 당신은 얼마나 훌륭하며 당신의 가난은 얼마나 부유하고, 당신의 십자가는 얼마나 감미롭고 사랑스러운지요! 내 마음은 온 힘을 다하여, 이런 것들을 그토록 사랑하게 해 주신 당신의 성령을 소유하기를 갈망합니다.》

하느님께로 향하는 첫걸음은 세상의 보화와 영예와 쾌락으로부터 벗어나는 것이다. 이러한 것들에 애착을 갖는 동안 결코 우리는 하느님을 발견할 수가 없다. 왜냐하면 사람은 자신이 좋아하는 것에만 마음이 사로잡히기 때문이다. 피조물에 마음이 사로잡히는 동안, 마음은 하느님을 완전히 차지할 수가 없다. 이러한 것들을 우리는 꼭 필요할 때만 사용하고 만일 그것을 우리에게서 빼앗아가 버린다면 우리는 진심으로 기뻐할 수 있는 마음을 간직하도록 하자.

극소수의 사람들만이 필수품만으로 만족해 한다. 많은 사람들은 갖게 되면 점점 더 많이 갖고 싶어하며, 허영심을 기르는 자료를 항상 찾는다. 높은 지위에 있는 사람은 그 지위를 계속 유지하기 위해 분투 노력한다. 하느님만을 사랑하고 그분의 의(義)를 먼저 구하고 영원을 향해 끊임없이 나아가야 하는 그리스도인에게 이러한 것은 얼마나 합당하지 못한가! 세상사의 손실에 대해 조금이라도 슬퍼하는 사람은 아직도 자신의 마음 속에 세상을 갖고 있는 사람이다. 우리는 필요한 식량과 의복을 갖는 것만으로 만족하게 여기자! 그 외에는 하느님과 그분의 사랑 안에 머물면서 감미로운 현존을 맛들이자! 이것으로 만족하자(Ⅰ디모테오 6:8 참조). 이것으로 내 신분에 맞는 생활을 위해서 충분하지 않을지 모르지만 그리스도인으로서 살아가는 데에는 충분하다. 모든 것은 어떻게 그리스도인의 생활을 해나가느냐에 달려 있다. 현세의 삶은 곧 사라지고 만다. 부유한 사람 역시 가난한 사람과 마찬가지로 빠른 세월 속에 묻혀버린다. 세속적 영화밖에는 아무 것도 생각하지 않는 사람은 마치 짐승과 비슷하다(시편 48:13 참조). 영과 진리로 하느님께 봉사하기를 원하는 사람은 먹고 마시기에 급급한 생활과 걱정에서부터 떠나야 한다.

세상 사람들의 많은 행위들은 얼마나 우매한지! 그들은 허영심을 뒤쫓고 허무맹랑한 일을 밥먹듯 한다. 얼마나 무가치하게 그들의 시간을 집과 정원과 옷과 가구와 방의 장식과 같은 자질구레한 일로 소일하는지! 우리의 재물이 있는 곳에 우리의 마음도 있다(마태오 6:21 참조). 우리의 마음이 있는 곳에 또한 우리의 생각도 있다. 하느님이 우리의 보화이시라면 우리의 사랑과 생각도 그분 곁에 있어야 할 것이다. 세상 일에 마음이 헷갈리지 않은 영혼은 완전히 하느님을 위해 있으며, 그분의 사랑 안에서 그분만을 위해서 산다. 만일 영혼이 육신적인 것과 세상에서 자신의 행복을 찾고, 걱정을 한다면 또한 어떤 손해로 인해 불안과 초조, 공포심을 갖고 어떤 이익 때문에 기쁨을 갖게 된다면, 이것은 마음이 아직 피조물에 집착해 있다는 표시이다. 이러한 영혼은 하느님의 은총을 받아들이기 어렵다.

우리는 항상 재산과 영예에 너무 많이 집착되어 있기에 자신을 항상 경계해야 한다. 오히려 가난과 곤궁에 머물러 있는 것이 우리에게 훨씬 더 안전하다. 그러나 우리가 이것을 깨닫기 위해서는 은총이 필요하며 이 가난과 곤궁을 사랑하고 실천하는 것은 더욱 위대한 일이다. 왜냐하면 우리의 본성은 우리를 끊임없이 그의 굴레로 속박하기 때문이다.

우리가 피조물을 적게 가질수록 상대적으로 조물주는 더욱 많이 소유하게 된다. 왜냐하면 어떤 것을 소유한다는 것은 마음으로 거기에 집착해 있다는 것이고 우리가 그곳에 얽매여 있다는 것이기 때문이다. 피조물에서 완전히 이탈된 고귀한 가난은 우리 마음에 가장 고귀한 순결을 갖다 준다. 그러므로 우리는 하느님이 아닌 모든 것에서부터 이탈해서 가난해지도록 힘쓰자! 만일 우리에게서 모든 것을 빼앗아 가버린다고 해도 진심으로 기뻐하자!

하느님을 사랑하지 않는 사람의 마음은 피조물들로 가득 채워져 있어서 하느님에 관해서는 온전히 텅비어 있는 상태이다. 이것이야말로 가장 큰 빈 궁이다. 마치 영원한 죽음이 영원한 삶에 누릴 영광에 목말라하는 영혼 상태를 말하듯이 영혼에게서 은총의 삶을 앗아가고 본성에 따라서만 살아야 한다면 영혼은 이미 이 세상에서 지옥에 있는 것이나 마찬가지이다.

진정으로 가난한 영혼은 하느님과 그분의 사랑밖에는 마음에 없다. 만약 영혼이 피조물을 완전히 떠나는 것이 그분의 뜻이 아니면 그는 하느님 외에는 피조물 안에서 아무 것도 찾지 않고 맛들이려 하지 않는다.

하느님과 단 둘이 있는 것이 가장 고귀한 가난이며 동시에 가장 큰 부귀를 누리는 것이다. 이 비밀을 깨달은 영혼은 이웃과의 어떠한 분쟁도 쉽게 일으키지 않는다. 그는 하느님만을 원하기 때문에 모든 것을 이웃이 원하는 대로 하게 한다. 아니면 그분 때문에 모든 것을 버린 사람들을 위해서 그분이 특별한 배려를 해 주시지 않으리라고 어떻게 의심할 수 있겠는가? 만일 의심한다면 주님께서 돌을 빵으로 만드실 수 있다는 것을 신뢰한 마귀가 우리에게 창피를 줄 것이다. 만일 우리가 가장 적막한 사막에 있게 된다면 그분께서는 우리에게 가장 필요한 것을 가져다 주실 것이다.

8. 멸시에 대한 사랑으로 예수 그리스도의 숨은 십자가 생활을 본받음으로써 그분과 닮아가는 것에 대하여

멸시받는 것을 사랑하는데 관한 가르침은 좋지만 이것을 이해하기는 어렵다. 또 우리가 여기에 주의를 기울이지 않는다면 곧 다시 잊어버리기 쉽다. 외적 활동과 함께 존재하는 적극적인 덕행은 외적으로 보여져서 우리 허영심을 만족시키고 다른 사람들의 마음에도 드는 것이기 때문에 더 행하기 쉽다. 그러나 기꺼이 고통을 받음으로서 존재하는 소극적인 덕행, 즉 모욕과 수치를 건디어내는 것, 인내와 자아포기를 연습하는 것 등은 매우 어렵다.

《오, 버림받으시고 겸허하신 예수님! 나에게 성인들의 지혜를 주십시오! 세상에서 멸시받고 싶은 욕망을!》

예수님을 사랑하며 자아포기를 실천하는 가운데 예수님을 따르는 사람들은 극히 드물다. 사람들은 생각과 말로만 예수님을 따르는 것으로 만족한다. 그리하여 자존심이 상하거나 자신을 낮추어야 할 때는 온갖 핑계와 변명을 다한다. 심지어는 열심하다는 신자, 수도자, 성직자들도 이런 수치심을 참아내지 않는다. 그들은 다른 이들에게 속해 있거나 수하사람이 되어 섬기기를 원하지 않고 어느 곳에서나 지배하려 한다. 약간 멸시받는 듯 싶으면 그들은 벌써 피해버린다. 또 그들은 만일 자기들이 유명해지면 하느님의 영광을 더욱 드러낼 수 있다고 주장한다. 어디에서나 칭찬을 바라고 낮아지기는 원하지 않는 본성의 허영과 자애심은 그들을 이렇게 속인다.

그러나 사람들이 어떻게 말하고 어떻게 생각하더라도 우리가 진정한 자아포기를 실천하지 않는다면 예수 그리스도의 진정한 정신을 갖지 못하게 된다. "당신 자신을 낮추셔서 죽기까지, 아니, 십자가에 달려서 죽기까지 순종하셨습니다"(필립비 2:8). 이 예수님의 겸손 안에서 우리는 자신의 교만을 기쁘게 봉헌함으로써 그분을 경외하게 된다. 이 봉헌을 통해 우리의 교만이라는 희생제물은 타버리고 파괴되며 없어져 버린다. 그러므로 만일 우리가 우리의 판단을 기쁜 마음으로 다른 사람들의 판단에 굴복시킨다면 우리는 우리의 교만을 봉헌하는 것이 된다. 즐겨 다른 사람들의 뜻을 따르고, 기꺼이 멸시를 받자! 우리가 계획하는 일이 성공하는 것만큼 방해당하는 것도 매우 사랑하자. 왜냐하면 모든 일에 있어 성공적인 것보다도 실패하거나 방해받아서 겸양을 지니는 것이 더욱 가치가 있다.

우리를 없애려 하고 방해하는 것에 불평하는 것은 부당한 일이다. 우리가 너무 적게 멸시받는 것에 대해서 우리는 더욱 안타깝게 생각해야 한다. 우리는 멸시받을 때에 멸시하는 사람을 주의할 것이 아니라 그가 하느님의 도구라는 것만을 생각해야 한다. 하느님께서는 당신의 아드님을 희생제물로 바치기 위해 유다인들을 도구로 이용하셨다. 이때 인간들의 의도는 일반적으로 좋지 않은 면을 보일 수 있다. 즉 그들은 복수하기 위해, 혹은 이웃을 끌어내리기 위하여 자신의 의도를 숨기고 그런 짓을 한다. 또한 우리는 자주 하느님을 더 사랑하고 더 잘 섬기기 위해서라는 구실 아래 우리가 처한 어려운 상황에서 빠져나오고 싶어한다. 그러나 어려운 상황에서 하느님을 가장 순수하게 사랑할 수 있으니, 이는 우리가 그곳에서는 그분 외에는 아무 것도 사랑스러운 것을 보지 못하기 때문이다.

세상과 본성의 정신은 무지하기 짝이 없어서 영혼이 예수님의 표양을 따라 가장 낮은 자리에 있을 때 가장 높은 영광의 자리에로 들어올림을 받고 순결한 사람은 가장 안전한 자리를 찾았다는 것을 파악하지 못한다. 《오, 주여! 당신의 신적인 자기 비하의 힘에 의지하여 구하오니, 내게 자아포기의 정신을 주소서!》내가 자아포기의 길로 당신 아드님을 따르는 것이 하느님의 뜻인즉 그것을 기꺼이 받아들이지 않고서 내가 무엇을 더 계속할 수 있겠는가? 사람들은 하느님께서 그들에게 원하시는 여러 양상으로 그분을 현양하더라도 나는 그분의 마음에 드시는 대로 멸시받는 나의 처지에 대해서 기뻐하겠노라. 그릇이 텅 비워질수록 더욱 더 많이 채워질 수가 있는 것처럼 우리의 영혼도 이와 마찬가지이다. 영혼이 자기 자신과 본성적인 애착으로부터 비워지면, 하느님을 깨닫고 사랑하는 데에 더욱 능숙해진다.

"알려지지 않고 아무 것도 아닌 것처럼 여겨지는 것을 기뻐하라"고 토마스 아 켐피스(준주성범 저자)가 말씀하였다. 우리가 인간의 생각과 그들의 마음으로부터 잊혀지고 하느님만을 위해서 외진 곳에 숨어 살 수 있다면 얼마나 복되겠는가? 우리가 욕망으로 가득차 있고, 알려지고, 사랑받고, 존경받기를 원하는 한 하느님께 대한 깨달음과 사랑을 받기에 적당하지 못하다. 여러 가지 이유를 내세워 보여지고, 드러내지기를 원하는 우리의 자애심을 없애기 위해 우리는 온 힘을 다하여 노력하자! 다른 이들로부터 사랑받기를 갈망하지 말라! 이 열망은 자애심에서부터 일어나며 자기만족을 낳는다. 사람들이 비난하고 못마땅하게 여기는 것에 대해서 기뻐하라! 사람들이 너를 집안에서 제일 쓸모없는 자로 여기고 가장 천하고 보잘 것 없는 일만 시킬 때 기뻐 용약하라. 네가 이 외에는 겸손을 사랑할 수 없고 우리 예수님께서 지니셨던 바로 그 마음을 간직할 수 없으리라(필립비 2: 5).

무엇인가 너의 생각과 이익대로 성취된 것에 대해 네 마음이 흐뭇해진다면 단 한 순간이라도 이기심에 도취된 상태에 머물러 있지 말라! 그러한 생각은 교만을 살찌우고 키운다. 만일 너에게 육신적이거나 정신적인 허약함과 부족함이 드러나게 된다면 조금도 슬퍼하지 말라! 너에게 수치와 멸시를 초래할 수도 있는 것을 변명하기 위해 덮어두고 거짓말을 하는 방법과 길을 찾지 말라! 자신의 결점을 덮거나 부인하는 것은 교만이다. 이 기만의 행위는 하느님의 마음에 몹시 거슬리는 것이다. 왜냐하면 이들은 진리의 영인 그분의 성령을 거스르기 때문이다. 실제의 나보다 아주 다르게 다른 이에게 드러내보이기를 나는 얼마나 자주 원하고 말하며 행동하는가! 이는 진리 자체이신 그분의 마음에 거슬리는 태도이다. 아무도 모르는 가운데 얼마나 많은 죄와 어리석음을 범했는지! 얼마나 많은 이기심과 비참함을 나는 갖고 있으며, 또 나 자신도 모르는 죄를 얼마나 범했을까? 나는 회칠한 무덤이로다. 나는 사방에서 수치와 멸시를 받을 만하다.

나의 가련함이 드러나게 된다면 그것은 나에게 얼마나 이로운가! 그것은 나에게 다음과 같은 것을 가르쳐 준다.

1) 나의 전부는 순수한 허무요, 연약함과 부패 자체이다.
2) 사람들이 나에게 많은 화를 가져다주고 조소하더라도 나는 결코 불평해서는 안된다. 왜냐하면 사람들은 언제나 내가 했던 것보다 적게 나의 약점, 악습에 대해서 말하기 때문이다.
3) 나는 넘어지면 다시금 멸시에 대한 사랑으로 나 자신을

위로해야 한다. 하느님의 마음에 들기 위해 나의 약점을 이용한다. 산산히 부서진 난파선의 한 조각으로 자기의 생명을 구출하는 것처럼 하느님의 마음에 들기 위해 나는 나의 약점을 이용한다.

4) 나는 나에 대한 하느님의 인자하심과 힘과 자비를 이전보다 더 잘 알게 된다. 마치 월식 때에 달이 태양에게 의존해야 하는 것이 너무도 분명히 알려지듯이 내가 넘어진 후 나에게는 모든 이러한 하느님의 완전하심이 더욱 빛나고 더욱 찬란하게 보인다.

5) 나는 위대하신 성인들이 이룬 완덕을 향해 성급하게 쫓아가려 하지 않고 나의 가련함으로 만족한다. 또는 만일 내가 하느님으로부터 더 큰 은총을 입었다면 그것에 대해서 내 자신을 과대평가하지 않는다.

6) 나는 나 자신에게 어떠한 신뢰심도 가질 수 없으며, 자신을 하느님께 완전히 위탁한다. 그리하여 비록 내 영혼이 넘어질 만큼 가련하다 하더라도, 자기 부정의 보화를 소유한다면 대단히 부유할 수가 있다. 그러나 극소수의 사람들만이 이 행복을 알고 있다. 그들은 가난하지만 그들의 밭에는 보물이 묻혀 있고 원할 때에 파낼 수가 있다 (마태오 13:44 참조).

9. 고통을 사랑하신 예수 그리스도의 숨은 십자가 생활을 본받음으로써 그분과 닮아가는 것에 대하여

예수님은 모든 죄인들, 특히 나에 대한 아버지의 마땅한 의노의 잔을 완전히 마시었다. 예수님 홀로 성부의 의노를 푸시기 위해 고통의 잔을 마셨다는 것은 얼마나 많은 의미를 내포하고 있는지! 그래서 그분은 "고통을 겪고 병고를 아는 사람"(이사야 53 : 3) 이라고 불리울 만큼 괴로움과 멸시와 고통 속의 삶을 누리셨다. 하느님의 공의하심은 그분을 골고타에까지 내몰았고 끝까지 추적하였다. 예수께서 참을 수 없는 갈증을 느꼈을 때 사람들은 그분께 쓸개를 마시라고 드렸고 이 쓴 잔을 그분은 맛보셨다. 그러나 그리스도의 간택받은 지체인 그분의 벗들도 얼마간 마실 것이 있도록 전부 마시지 않으시고 남기셨다. 그 고난의 잔에서 가장 많이 마시는 사람이 그분을 가장 많이 현양하는 사람이다.

예수님은 하늘의 영광에 관해서 다볼산에서 처음으로 묘사하셨고, 골고타에서 그것을 완성하셨다(히브리 2 : 10 참조). 우리도 십자가의 두려움을 보기 전에 먼저 예수님의 아름다우심을 보아야 한다. 그렇지 못할 때 우리는 나약함으로 인해 의심을 품게 되고 십자가의 고통을 견디어 내지 못하게 된다. 어린이에게 젖이 필요하듯 영적 어린이들도 젖을 필요로 한다. 천상 아버지께서는 그의 어린이들이 단단한 음식을 먹을 수 있을 때까지 젖을 떼지 않으신다(히브리 5 : 12-14 참조). 그분은 첫 작품의 준비를 영혼 안에서 감미로운 기쁨으로 스케치하시고 십자가의 괴로움이라는 마지막 화필을 대어 채색하여 완성하신다. 신앙과 세례의 외적 고백은 우리를 그리스도인으로 고백하게 한다. 그러나 십자가와 고통은 우리를 생동하는 그리스도인으로 만든다.

그리스도인이라고 불리우기만 하고 그리스도와 더불어 십자가를 지려 하지 않는다면 그것은 하나의 수치이다. "여러분은 바로 그렇게 살아가라고 부르심을 받은 사람들입니다. 그리스도께서도 여러분을 위해서 고난을 받으심으로써 당신의 발자취를 따르라고 본보기를 남겨 주셨습니다"(Ⅰ베드로 2 : 21). 그리고 "누구든지 자기 십자가를 지고 나를 따라오지 않으면 내 제자가 될 수 없다"(루가 14 : 27)라고 적혀 있지 않은가 ? 안락하고 육적인 생활을 하고, 이 생활에 애착을 하면서 자기가 그리스도인이라고 말하는 것은 거짓말장이이다. 그리스도인이 되기를 원하는 사람은 필수적으로 고통을 받아야 하고 십자가를 져야 한다. 순교자들의 경우처럼 박해자들의 손을 통해 고통과 십자가로 현양되지 않을 때 사랑의 손에 의해 박해받고 순교해야 한다. 사랑의 손길은 그의 세력 안에 있는 영혼들에게 천 가지의 고통을 가해 준다. 그리고 그들이 고통을 받으면 받을수록 더욱 더 행복해지기를 바란다.

우리가 성인들의 큰 고통을 기꺼이 받아들이기에는 합당하지 못하나, 애정 깊은 사랑의 독재자 아래 작은 고통들을 견디어 내기를 원한다면, 본성이 애착하는 많은 것들에게 양보해서는 안 된다. 왜냐하면 이러한 것들은 우리를 십자가에서, 곧 십자가에 못박히신 그리스도에게서 떼어놓으려 하기 때문이다. 그들은 안일과 위로와 쾌락과 향락만을 좋아한다. 그렇기 때문에 우리는 꾸준히 일해야 하며, 십자가를 져야 하고, 모든 것에서 본성을 이겨내야 한다. 본성은 대단히 불평하겠지만 들어줄 필요가 없다. 우리는 만사에 멸시와 반대와 수치를 선택해야 한다. 본성은 즐겨 존경을 받고 싶어하지만, 우리가 십자가의 수치를 견디어내신 예수님의 제자가 되고 싶어한다면 이러한 바보스러운 불손을 우리 마음에서 없애버려야 한다. 그분이 우리를 그처럼 사랑하시어 택한 십자가의 수치를, 우리는 그분 때문에 사랑하자 ! "나는 날마다 죽음의 위험을 당하고 있습니다"(Ⅰ고린토 15 : 31)라고 사도 바울로와 함께 말할 수 있기 위해 우리는 우리를 이 세상과 피조물에 얽매는 끈들을 매일 끊어야 하겠다. 그러기 위해서는 큰 사랑과 용기있는 정신이 필요하다. 만일 우리가 이 점에서 성실하다면 우리는 교회가 박해당하지 않는 평화로운 시기에서도 순교자의 영광을 얻을 수가 있다.

예수님을 위하여 단칼에 목을 잘리우는 것은, 그분을 위하여 매순간 자아포기를 하며 자신과 싸우고 십자가상의 그분께 합당치 않은 애착을 느낄 때마다 자신에게 죽는 것보다 훨씬 쉬운 일일 것이다. 이 모두는 본성적으로 쓴 맛밖에 느끼지 못하고 죽도록 괴로울 것이다. 그러나 여기에 성실하노라면 영적으로 누리는 위로와 감미로움은 피로움에 비할 바 없고 또 영원한 나라에서 누릴 영광은 얼마나 클 것인지!

하느님께서는 당신의 피조물이 고통받는 것을 보시면 결코 거기서 어떠한 기쁨도 갖지 않으신다. 하느님은 멸망된 피조물에게만은 당신의 거룩한 사랑과 순결한 영의 감미로움을 알려 줄 수가 없다. 그래서 그분은 친히 십자가와 배척당함과 가난을 통해서만 무너뜨리고 기초를 놓을 수 있는 영혼 안에 신적 사랑의 성전을 건축하시고자 자애심의 둥지를 파괴하신다.

《오, 예수님! 그러하오니 허물을 버리시고 모든 것을 뿌리로부터 근절해 버리십시오! 자애심과 세속의 정신과 본성의 낡은 건물에서 돌 하나도 남겨두지 마시옵소서! 당신 친히 내 안에 당신 생각대로 하나의 성전을 건립하십시오!》

세속 물정은 자기를 따르는 자들에게 재산과 명예와 기쁨과 높은 직위 등을 준다. 그리스도의 영은 바로 그 반대이다. 그분은 자기를 따르는 이에게 자기 이탈을 요구한다. 그러나 너무도 적은 수효의 사람들만이 고통받기를 원하기 때문에 진정한 덕행은 매우 적다. "그리스도 예수를 믿고 경건하게 살기를 원하는 사람은 누구나 박해를 받게 될 것입니다"(Ⅱ 디모테오 3:12). 이 박해는 세상으로부터, 육으로부터, 세속적 가치관으로부터, 심지어 하느님으로부터도 온다. 그러나 이는 지상에서 사랑의 완덕으로 이르기 위한 고속도로이다. 그러나 게으름뱅이와 겁장이들은 결코 여기에 도달하지 못한다.

우리는 십자가를 사랑하든지, 지복을 포기하든지 양자 택일을 해야 한다. 하느님께서 성덕으로 승화시키려는 사람은 십자가로 불러올려 주신다. 그래서 가장 많이 고통을 받는 영혼들은 가장 큰 은총으로 채워진다. 하느님께서 이 세상의 가정이나 수도원 같은 곳에서 자기 성화에 전념을 다하는 이들에게 타인을 괴롭히는 일 외에는 아무런 재간도 없는 악하고 그릇된 사람들이 함께 지내는 것을 허락하신다.

"내게 의심을 품지 않는 사람은 행복합니다"(마태오 11:6)라고 주님께서 말씀하셨다. 살아 있는 믿음을 갖지 않은 영혼이 하느님의 아들의 십자가와 가난과 멸시를 대했을 때 그는 그것에 대해서 짜증을 내고 의심하게 된다. 이 세상 사람들의 생활은 이와 반대이기 때문이다. 많은 열심하다고 하는 사람들도 거룩해지기를 원하지만 그리스도 십자가의 반대자들이다. 그분의 사랑스런 약속에 그들은 기뻐하지만 그들이 십자가지기를 그분께서 요구하신다면, 곧장 짜증을 내고 만다. 그러나 십자가없는 영성 생활은 한낱 망상에 불과하다.

"너희는 울며 슬퍼하겠지만 세상은 기뻐할 것이다. 너희는 근심에 잠길지라도 그 근심은 기쁨으로 바뀔 것이다"(요한 16:20)라고 예수께서 제자들에게 말씀하셨다. 우리도 예수님과 제자들의 진정한 마음을 가진다면 고통받을 기회가 주어질 때 우리는 기뻐하게 될 것이다(사도행전 5：41 참조). 고통은 주님의 영원한 기쁨에로 이르게 하는 문이다. 그 외의 다른 모든 종류의 기쁨은 너무 인간적이고 세속적이고 허무할 뿐이며 영혼 안에 슬픔 외에는 아무 것도 남겨 놓지 않는다. 이 세상에서 아무런 고통을 겪지 않는 것보다 더 큰 불행은 없다. 고통은 세상이 어리석다고 말하는 그리스도의 지혜이다.

내 영혼아, 모든 처지에 만족하라. 네가 고통을 받아들이는 것만으로 충분하다. 너는 더 이상의 것을 원할 수가 없다. 네가 기도 중에 어떤 기쁨도 느끼지 못하고 정신적인 건조 중에 있다면 그 고통을 견디어내고 만족하도록 노력하라. 왜냐하면 고통받는 것은 관상보다도, 세째 하늘까지 황홀하게 붙들려 올라가는 일보다도 더 좋은 것이다. 아프기 때문에 다른 사람들과의 모든 교제가 끊긴다면 그 고통을 견디어내고 만족하여라! 십자가에 달리는 것이 영적 수련 중에 감미로움을 맛보는 일보다 더 좋은 것이다. 너의 내외적 고통 때문에 이웃에게 봉사하기가 어려워지거든 너의 고통을 잘 참아받고 만족하라. 고통받는 것이 활동보다 더 낫다. 너의 기도 중에, 경건한 사무 중에 일이 전혀 진척되지 않는다면, 그 고통을 견디어내고 만족하여라! 고통받는 것은 목적을 달성하는 것보다 더 좋은 것이다. 너에게 특별한 재능이 없거나 육체적·지능적으로 부족한 것을 네가 인내로 참아받을 줄 안다면, 너는 훌륭한 지혜의 소유자이며 세상에서 가장 재치있는 사람이다. 왜냐하면 그것이 하느님 마음에 들기 때문이다. 가장 훌륭한 지식은 고통받을 줄 아는 것이며, 가장 큰 행복은 고통이다.

하느님께서는 고통과 십자가를 통해 당신의 거룩하심을 우리 영혼에 새겨 주신다. 고통은 가장 고귀한 순교이다. 왜냐하면 이 순교는 영혼이 홀로 하느님께로 향하게 하기 위하여 영혼으로부터 육체를 갈라 놓는 것이 아니라 영혼을 피조물로부터 떼어놓기 때문이다. 알렉산드리아의 글레멘스는 다음과 같이 말씀하셨다. "육적인 죽음은 영혼들을 육신에서 갈라 놓는다. 하느님의 비추심을 받은 그리스도인의 영적 죽음은, 영혼이 정서와 욕정과 욕망으로부터 헤어나서 '나는 이제 당신이 원하시는 대로 살고 있습니다'라고 하느님께 떳떳하게 말할 수 있는 유익한 생활에로 옮겨진다." 모든 불순하고 속된 것을 하느님은 소름이 끼치듯 싫어하신다. 그래서 하느님은 그분의 간택받은 자들을 마치 용광로에 있는 금과 같이, 고뇌의 불 속에서 정화시킨다. 우리가 만일 고통을 피한다면 진보와 사랑의 순결을 피하는 것이다. 영적으로 헐벗고 굶주린 채 십자가에 달려 죽는 것이 완전한 하느님의 사랑에 도달하기 위한 마지막 준비이다.

우리의 거룩하신 정배는 간택받은 영혼들을 대부분 십자가와 시련으로 단련시키신다. 감미로운 위로는 자애심만을 양육하기 때문이다. 당신 홀로 영혼들을 소유하시려고 그분은 그들을 고독에로 인도하시며, 하느님은 그들이 세상에게서, 그리고 세상이 그들에게서 싫증나게 만드신다.

고통이 크면 클수록 우리는 그들을 더 높이 평가해야겠다. 그들은 우리를 순수한 사랑에로 더 잘 나아가게 하기 때문이다. 우리가 기쁨 중에서나 고통 중에서 사랑하는 분은 같은 하느님이시다. 그러나 고통 중에 우리는 그분을 더 순수하게 사랑한다. 그 때 우리는 그분 외에는 사랑할 어느 누구도 발견하지 못하기 때문이다. 우리에게 고통을 주시고, 십자가의 정신을 주신다면, 그것은 인자하신 하느님의 애정깊은 활동임에 틀림없다.

《오, 끝없이 인자하신 주여! 당신으로부터 사랑받을 수 있도록 저를 고통받게 하셨으니 당신께 진심으로 감사드립니다. 거기에는 하느님의 사랑이 수반되기 때문에 나는 양팔을 벌리고 기쁜 마음으로 궁핍과 멸시와 가난과 고통을 받아들이고 싶습니다.》

10. 예수 그리스도의 외적 고통에 동참함으로써 십자가의 삶을 본받고 그분과 닮아지는 것에 대하여

십자가에 못박히신 예수님의 지혜는 이 세상 현인들의 모든 지혜보다 더 가치가 있다. 인간적인 판단력과 육적인 현명함은 이것에 대해 논쟁해도 좋다. 그러나 진정한 기쁨과 평화와 덕행의 순수함은 십자가에서만, 즉 멸시와 모든 피조물로부터의 완전한 이탈에서만 발견된다는 것은 자고로 변함이 없다.

"하느님을 사랑하는 사람들 곧 하느님의 계획에 따라 부르심을 받은 사람들에게는 모든 일이 서로 작용해서 좋은 결과를 이룬다는 것을 우리는 압니다"(로마서 8:28). 사람들은 그들을 매우 악하게 다룰 수도 있다. 그러나 이 모든 것은 그분의 영광과 영혼의 이익을 위해 주재하시는 천상 아버지의 숨은 섭리이다. 하느님께서는 의로우시고 사랑에 찬 당신의 뜻을 인간의 추악하고 불의한 의도 아래 감추어 두신다. 이 점은 우리에게 큰 의미가 있고, 하느님께서도 이에 특별한 계획을 갖고 계신다. 하느님께로 향하는 길에서 경험이 있는 사람은 인간의 의도 때문에 구애받지 않는다. 그는 그것에 대해서 불평하지 않고 원인과 이유를 알려고도 하지 않으며, 하느님을 찬미하고 흠숭하며 그 뜻만을 받들기 위해 그분의 뜻을 찾아 나선다.

영원하신 아버지께서는 당신의 아들을 죄인들을 위해 희생시키시려는 의도를 가지셨다. 유다인들은 질투로 인해 그분을 사형에 처했으며, 우리를 향한 하느님의 사랑은 인간의 악한 생각과 증오 아래 숨겨져 있었다. 예수님은 당신 반대자들의 악의를 보시지 않고 아버지의 사랑에 찬 뜻만을 보셨다. 예수님은 이것을 기꺼이 받아들이셨으며 이것에 만족하셨기에 유다인들의 격정에 당신 자신을 내맡기셨다.

모든 고통은 사랑스러운 것이다. 만일 우리가 부당하게 고통을 당한다면 그 안에는 특별한 하느님의 뜻이 있다. 왜냐하면 예수님께서도 지상에서 이렇게 고통받으셨기 때문이다. "만일 누가 조금이라도 이에 대한 권한을 가졌다면, 그리고 그것이 절대적인 악의가 아니었더라면, 나는 기꺼이 이러저러한 고통을 받고 싶어 했다" 하고 말하지 말아라. 누가 너에게 그렇게 대할 아무런 이유도, 권리도 없다고 하더라도, 하느님께는 그것이 정당한 것이다. 네가 그 고통을 받는 것이 그리스도의 의향이며 너는 그것으로 인해 그분께 기쁨을 마련해드렸다. 그것은 너에게 지고한 인내를 가르치며 인내는 평화를 낳는다. 그리고 이 평화는 너에게 자신을 꼭 필요한 한 가지 것에(루가 10:42 참조) 완전히 내맡기는 자유를 준다.

만일 사람들이 우리를 헐뜯는다면 그들이 어떻게 나를 생각하는지 알아내려고 하지 말고 하느님께서 우리가 고통받고 우리 자신에게서 죽을 수 있는 기회를 주시려고 그들을 이용하신다고 생각하여라. 이것은 우리에게 세 가지 큰 보화를 마련해 준다.

1) 모든 것을 당신 뜻대로 안배하시는 하느님께 온전히 위탁함.

2) 누가 우리를 괴롭혔다면, 그는 오직 하느님의 뜻만을 수행했으니 이웃과 평화를 보존함.
3) 한없이 인자하신 하느님으로부터 좋은 것만이 올 수 있다는 것을 확신하기 때문에 내적인 평화와 안정을 누림.

그래서 가끔 하느님께서는 우리가 육신의 병으로 고통받기를 원하시며, 온유, 평화와 사랑으로 그것에 동의하길 원하신다. 그분은 우리가 죽기를 원하시지 않고 고통받기를 원하시기 때문에 병을 치료하고 약도 사용하기를 바라신다. 고통에서 벗어나기 위해서가 아니고, 우리를 죽음에서 구하시려는 그분의 의향을 따르기 위해서이다. 이렇게 할 때 "하느님께서 원하시는 것 외에는 결코 다른 무엇을 원해서는 안된다"는 것이 언제나 우리의 철칙으로 머물게 된다.

하느님께 대한 사랑의 증거는 우리가 불의하게 고통받을 때 그 이유를 헤아리지 않는 것이며, 이는 우리에게 가해진 모든 불의를 이기는 것이다. 우리가 현세적인 재물이나 영예를 손실할 때 닦을 수 있는 덕행은 우리에게 이보다 더 중요한 영적 재물을 마련해 주시는 것이다. 피조물들이 우리에게 아첨하고 원의대로 해 주는 것보다 우리를 더 잔인하게 박해하는 방법은 없다. 왜냐하면 이 때 우리는 하느님을 피하여 피조물에로 기울어질 위기에 처하기 때문이다. 그러나 만일 피조물이 우리에게 쓴맛이 된다면 그들은 우리에게 가장 큰 봉사를 하는 것이다. 그렇게 되면 우리가 하느님께로 돌아가는 것이 쉬워지기 때문이다.

누가 너를 말로써 괴롭힌다면 몇 마디의 부드럽고 겸양한 말로 대답하여라! 그러면 너는 그의 분노를 꺾고 그를 이겨내게 된다. 그리고 너는 훌륭히 승리한 것이다. 우리에게 아첨하는 사람들에게 양순하고 친절한 얼굴을 보여 주는 것은 덕행이 아니다. 그러나 불친절한 사람들에게 친절하게 대하는 것이 덕행이다. 자기에게 악한 행위를 하는 사람들에 대해서 화를 내는 사람은 아버지로부터 매를 맞을 때 보복하려는 어린아이와도 같다. 인내는 모든 악을 선으로 변화시킬 수 있다.

예수께서 우리에게 당신 마음의 온유하고 겸손함을 배우라(마태오 11 : 29)는 훈계만을 주신 것은 기묘한 일이다. 이러한 것들을 우리는 수난의 학교에서 배우게 된다.

우리는 예수님이 수난 중에 어떻게 하셨는지 그 모범을 연구하고 살펴보기로 하자. 그 때에 누가 그분에게서 인내성이 없는 말 한 마디라도 들을 수가 있었던가? "그러나 예수께서는 아무 말씀도 하지 않으셨다"(마태오 26 : 63). 그분은 자기를 넘겨줄 자에게 입맞추고 벗이라고 부르지 않았는가? (마태오 26 : 50) 그분은 그를 살해한 자 중에 단 한 사람에게라도 악담을 하신 적이 있었던가? 오히려 그들을 위해 당신의 피를 흘리지 않으셨던가? 만일 우리가 불평하고 변명하고 보복하려 하고 욕을 욕으로 갚으려 한다면, 우리가 그리스도인 혹은 그리스도를 따르는 자들이라고 자랑할 수 있겠는가?

그리스도의 손에 우리의 일들을 맡겨야겠다. 그분이 우리보다 더 잘 해결해 주실 것이다.

너의 좋은 사업을 사람들이 방해한다면 걱정하지 말고 두 개의 월계관을 획득하여라! 하나는 너의 좋은 의지의 월계관이고, 또 다른 하나는 하느님의 뜻에 위탁함과 인내와 겸손의 월계관이다.

누가 그리스도 안에서 열심히 살고 싶다면, 멸시받고, 조롱당하고, 십자가에 못박히고, 반대받는 것 외에는 어떠한 다른 이득도 고려하지 않기로 단단히 결심해야 한다. 무엇인가 다른 것을 기대하는 사람은 자신을 속이는 사람이다. 누가 만일 세상과 본성과 악마를 끊어버릴 것을 고백하고, 그들을 대항하여 싸우고, 그들이 원하는 것과 반대되는 것을 추구한다면, 그는 그들로부터 원수 취급을 받게 되리라는 각오를 해야 한다. 그들은 끊임없이 그를 반대하고 방해하고 저지하려 하겠지만, 십자가의 거룩한 어리석음은 모든 것을 이겨내고야 만다. 누가 예수님의 제자가 되기를 원한다면, 십자가상에서 죽어야 하며, 자신의 사랑이 정화되기 위해 용광로 속으로 들어가야 한다. 곳곳에, 그리고 매순간 우리에게 십자가는 준비되어 있다. 우리가 그것을 잘 받아들이는 데에 큰 신비가 놓여 있는 것이다.

성인들은 자신들을 망치와 쇠뭉치로 두들겨 한 예술품이 되는 대리석이라고 생각하였다. 이렇게 우리는 중상모략, 박해와 사랑이 없는 판단, 오해, 육체적인 고통, 정신적인 슬픔과 같은 충격들을 견디어내야 한다.

천사와 악마와 인간, 선과 악, 높고 낮음… 이 모든 것들이 우리를 내치고 또한 하느님께서 우리를 통해 무엇인가 하고자 하신다면 그분 스스로가 우리에게 맞설 것이다. 깨우침을 받은 영혼들은 모든 불쾌한 것과 수고와 어려움들을 이용하여 예수 그리스도의 용감한 순교자가 되어간다.

고통은 그 거룩한 권능으로 묵은 인간을 뽑아버리고, 피조물에 대한 애착심을 꺾어버리며, 순결하지 못한 것과 세속적인 것을 우리에게서 분리시킨다. 용광로의 불이 금에서 찌꺼기를 분리해 놓듯이 우리의 타락함은 불과 창검을 제외하고서는 다른 아무 것으로도 파괴시킬 수가 없다. 그래서 우리는 우리를 괴롭히는 모든 비참함과 우리에게 가해지는 모든 박해를 사랑스럽게 견디어내자. 우리가 고통을 받으면 받을수록 우리는 더욱 더 정화된다.

본성의 십자가가 초래하는 고통과 자애심을 일으키는 불안 사이에는 큰 차이가 있다. 큰 불안과 혼란을 지닌 채 고통받는 사람은 자신을 피조물에서 떼어놓으려 하지 않고, 자신이 십자가에서 해방되고 싶은 많은 자애심을 간직하고 있다. 이러한 고통은 영혼에게 유익하지 않다. 정반대로 그에게 피해를 가져온다. 진정한 고통은 순수하고 평화롭고 겸손하고, 하느님의 뜻에 복종한다.

하느님의 손에서 만족하고 순종하는 마음으로 받아들이는 십자가는 영혼을 정화하고 완성한다. 이리하여 우리는 다음과 같은 진리를 파악하게 된다. 하느님께서는 그의 벗들에게 십자가가 없는 것을 보시면, 그들에게 십자가를 마련해 주기 위하여 심지어 하늘과 땅을 움직이시고, 이렇게 하여 그들을 당신의 아들과 닮아가게 하신다.

그러나 우리는 그것이 하느님의 마음에 든다면 고통을 잘 참아받자! 아니면 하느님께 호의를 보여드리는 것이 너에게는 미천한 일 같으냐? 세상의 마음에 들기 위하여 사람들은 어떤 고통을 피하느냐? 얼마나 많은 투우사들이 투우장에서 그의 목숨을 걸고, 세상 사람들의 마음에 들기 위해 사나운 짐승들과 격투하였는지? 그러나 십자가와 고통으로 에워싸인 그리스도인은 하느님의 눈에 얼마나 아름다운 한 폭의 그림인지! 아울러 그들은 결단성있고 평화롭게 하느님의 뜻에 순종하는구나.

11. 예수 그리스도의 내적 고통에 동참함으로써 십자가의 삶을 본받고 그분과 닮아지는 것에 대하여

만일 그리스도로 옷입혀지기를 원한다면 우리를 감싸고 있는 모든 것으로부터 벗어나야 한다. 우리는 기꺼이 기도하고 관상의 감미로움을 즐기려고 하나, 고통받으려 하지는 않는다. 그것은 기만이다. 기도는 성성으로 나아가게 하지만, 십자가는 그것을 완성하였다.

하느님께서는 영혼을 먼저 신앙의 기쁨과 깨달음으로 양육하신 후, 이 분명하고 위로에 찬 시기가 지나면, 그를 적나라한 신앙 속에 버려두신다. 칠흑 같은 어둠 속과 죽음 같은 어두운 곳에서(애가 3: 2, 6) 영혼은 하느님에 의해서만 살아야 하며, 빛과 감동과 아무런 위로 없이 오히려 큰 권태와 어둠 속에서 고통받아야 한다. 그 상태에서 성실하게 머무른다는 것은 영혼에게 대단히 어려운 일이나 영혼에게는 어떤 손실도 없을 것이다. 이 때에는 하느님께만 속마음을 털어놓아야 하며 고통받고 사랑해야 한다. 하느님께서는 승리를 가져다 주시며, 그분만으로 만족스러워하는 사랑에 보답해 주신다.

이러한 어둠의 상태에서 영혼은 거의 어찌할 바를 모르고 있다. 감각이 아주 위로 속으로 빠져 버린 듯하고, 아무 것도 귀찮지 않던 때, 그리고 고요 가운데 아무 것도 그를 방해하지 않았던 그 즐거웠던 때와는 모든 것이 너무도 다르다. 그 당시에 그는 감미로움에 젖어 그윽하고도 넘치는 평화를 맛보았었다. 내적 고통의 상태에서 영혼은 본성의 저항과 거부반응에 자신을 잃어버린 듯하다. 모든 빛은 암흑 속에 숨어 있어서 그것이 이성을 더 이상 비추어 주지 못한다. 간단히 말해서 모든 기쁨을 앗아가버린 상태이다.

영혼은 하느님께 온전히 맡겨드렸음에도 불구하고 그것을 알지 못한다. 영혼이 하느님과의 내적 의지의 일치를 보지 못하기 때문이 아니고, 감각적인 본성의 반대와 반항을 더 느끼기 때문이다. 이러한 느낌은 영혼을 슬픔의 바다에 빠져들게 한다. 그는 자기 영혼의 균형이 거의 깨어지는 듯 생각하고 영혼의 상태에 커다란 의심을 느끼고 그로 인해 완전히 십자가에 못박힌 듯한 느낌과 위로받을 수 없는 슬픔에 잠겨 괴로워하게 된다. 하느님의 뜻과 같은지 사람들이 묻는다면 "예, 저는 하느님의 뜻에 반대되는 것을 행하기보다는 죽는 것이 더 좋습니다"라고 즉시 대답한다. 그러나 그는 자신이 그것을 원하고 있는지도 모르는 가운데 그것을 하고 싶어한다. 그를 완전히 정화시키고자 하시는 하느님께서는 그에게 모든 위로를 빼앗아가기 위하여, 그가 그분의 뜻과 같아지기를 원하는 느낌까지 그에게서 거두어가신다. 그래서 그는 거의 깊은 절망 속에 잠기게 되고, 그가 하느님의 마음에 몹시 들음에도 불구하고 자기 마음에는 들지 않아 위로도 마다한다(시편 76:3 참조).

이 어둠 속에서 영혼은 빛 가운데 있을 때보다 하느님께 대한 더 큰 성실함을 드러내는 것이다. 왜냐하면 진한 암흑 중에서, 마치 천국의 살아 있는 빛으로 비추심을 받는 것처럼 하느님의 완전하심과 그 신비를 굳이 믿는다는 것은 특별한 성실이기 때문이다. 이것은 헛된 이성의 완전한 파괴와 하느님의 계시에 대한 커다란 경외심을 증명해 주는 것이다. 빛 안에서 사람들은 모든 것을 분명하게 보게 되지만 하느님 안에서 자신을 완전히 죽이지 않았기 때문에 자신을 고귀한 희생물로 드릴 수가 없다.

우리가 넘쳐 흐르는 빛 안에서 하느님과 그의 영광을 보는 것은 기적이 아니다. 그러나 영혼 안에 어둠이 지배될 때에도 하느님과 그 영광을 보게 된다면 그것은 놀라운 일이다. 이러한 길로 인도받게 되는 영혼은 복되도다! 모든 것을 박탈당한다고 슬퍼하거나 불평하지 말아라! 왜냐하면 어둠의 상태에서 하느님께 영광을 드리고 그분께 충실을 증거할 수 있는 것은 특은(特恩)이기 때문이다.

내 영혼아! 그러하니 어둠이 오든지 빛이 오든지 항상 준비되어 있으라! 빛과 어둠아, 주님을 찬미하라! (시편 138:12) 만일 하느님께서 너를 암흑 속으로 던지시면, 네 자신을 위로하고 너에게 가장 좋은 몫이 주어졌다고 믿어라! 거기서는 상처를 더 적게 보게 되리니 기뻐하여라! 그리고 하늘로부터 보내오는 큰 선물을 받기 위해 빛을 빼앗기지 않도록 조심하여라!

작은 불쾌한 일이 우리를 억누르고 땅으로 형편없이 떨어지게 한다. 또 만일 하느님께서 우리를 도와주시면, 어떤 군대의 무리도 우리를 겁나게 할 수 없다. 이렇게 하여 하느님께 대한 우리의 신뢰심을 배가하고 우리 자신에 대한 불신을 증가시키는 것을 배우며, 그분이 원하시면 죽이시고 살리신다는 것과, 그분만이 우리를 도와줄 수 있음을 경험을 통해 깨닫게 된다. 가끔 나는 너무 오랫동안 나의 결점에만 관심을 집중하므로 큰 잘못을 저지르지 않을까 두려워한다.

이전에는 모든 것이 하느님께로 이끌어 주었는데 지금은 모든 것이 나를 하느님에게서 떼어놓는다. 또 그전에 나는 민감하지 않았는데 지금 나는 가장 작은 일에 대해서도 민감하다. "내가 언제 행복하였던가"(애가 3:17)라고 생각되는 그러한 상태에 처해 있다. 어떤 선행에도 나는 나태하고 거부감을 느낀다. 가난에 대한 생각만 해도 나를 두렵게 하며, 나는 멸시와 불행과 고통 앞에서 무서워 떤다. 모든 것이 나에게 공포와 근심을 만들어 주며, 가장 쓰라린 것은 어떠한 믿음의 벗들도 나를 이전처럼 위로해 주지 못한다는 것이다(애가 1 : 21 참조). 하느님과 그의 은총을 잃는 것만이 나를 슬프게 한다면 그 자체만으로 나에게 위로가 될 수도 있겠다. 그러나 나의 상태에 있어서 가장 나를 부끄럽게 하는 것은 하찮은 물건을 포기하는 일이 나에게 대단히 어렵다는 것이다. 나는 거의 기도하지 않고 또한 기도 중에 아무 것도 하지 않는다. 나는 분심에 가득 찬 채로 성체를 모시러 나간다. 만일 누가 나를 도와주지 않는다면 나는 넘어질 위험에 있다.

《하느님! 당신이 돌보아주시지 않는다면 인간은 도대체 무엇이겠습니까? 얼마나 불쌍하고 보잘 것 없고 가련한지요! 내가 만일 이 어둠의 시기에 그것을 체험하지 않았더라면 나는 그것을 믿을 수가 없었을 것입니다.》 오, 내 영혼아! 너의 나약함은 얼마나 큰지! 그것을 잘 깨닫고, 결코 잊어버리지 말아라!

《오 하느님! 당신없이 내가 무엇을 할 수 있겠습니까?》

내 머리 속은 마치 도둑의 소굴처럼 춥고 어두우며 마음은 악한 애착과 방탕한 생각의 보금자리이다. 선에는 어떠한 애착도 갖지 않고 악의 경향으로만 기울어진다. 나는 그림자가 실물을 따르는 것보다도 더 내가 하느님에게 완전히 종속되어 있다는 것을 잘 안다. 나는 내 안에서도, 피조물 안에서도 굳건함을 보지 못하며, 하느님 외에는 어떤 사람에게서도 도움을 기대할 수가 없다. 하느님께서 위로해 주시지 않는다면, 모든 위로는 얼마나 헛된 것인지! 아직도 나는 내가 은총을 받을 자격이 있다고 여겨도 될까? 만일 하느님께서 나를 지옥으로 몰아넣으신다면 내가 놀랄 수 있겠는가? 하느님께서 나를 이토록 오랫동안 참아주신 그의 자비하심을 경탄하지 않아서야 되겠는가? 내가 만일 넘어지면, 나는 그것에 대해서 놀라지 않는다. 나는 나약하기 때문이다.

나에게 가장 수치스러운 것은 조그만 고통에도 저항심을 느끼는 것이다. 내가 만일 내적. 외적으로 고통을 동시에 받아야 한다면 나는 어떻게 되겠는가? 성인들의 인내심과 고통에 대한 그들의 사랑과 나는 얼마나 동떨어져 있는지! 내, 영혼아! 겸허한 마음을 가져라! 네 허무의 가장 깊은 심연에까지 자신을 낮추어라.

내적 고통의 상태에서 영혼은 마치 쇠사슬에 묶인 채 감방에 갇혀 조금도 움직일 수 없듯이 방탕한 생각과 반항심으로 가득 차서 하느님께 나아가기 위해 스스로는 아무 것도 할 수 없다. 마치 춥고 어둠침침한 지하감옥에 갇혀 있는 극악무도한 죄인처럼 누구의 도움도 기대할 수 없이 오물과 악취로 가득한 버림받은 감방에서 몸을 가시로 찌르는 듯한 유혹을 당한다 (Ⅱ 고린토 12 :7).

불만과 반항심이 그를 질식하듯이 짓누르고 있으며 그는 하느님과 인간으로부터 아무 위로도 받지 못하는 것 같다. 그는 하늘에서 이슬을 받지 못하며, 이 세상의 달콤한 것에 아무런 맛도 발견할 수가 없다. 이렇게 그는 십자가에 못박혀 하늘과 땅 사이에 매달려 있다. 그는 하느님의 마음을 상하게 해드리고 영원한 생명을 잃어버리게 될까 항상 두려워한다. 더우기 그는 피조물의 위로에 대해서도 두려워한다. 만일 그가 십자가상의 하느님 아들의 고독을 이해하고 공경하기 위해 이 모든 것을 기꺼이 받아들이면 그는 하느님께 참으로 큰 영광을 드릴 수 있다.

때때로 하느님께서는 그의 종 "욥"과 같이 가장 성실한 영혼을 악마의 세력에 맡기며 그들이 갖가지 모양으로 유혹당하도록 허락하신다. 어떤 때는 사랑에 대한, 또 다른 때는 정결에 대한, 혹은 믿음에 대한 유혹이다.

옛날에는 폭군들이 박해로 그리스도인들의 신앙을 흔들어 놓으려고 했다. 이제는 박해 대신에 그리스도인들의 신앙과 성실을 시험하기 위해서 유혹이 자리잡게 되었다. 신앙과 성실을 위해 싸우는 자는 얼마나 행복한가?

제 3 권

내적 생활에 대하여

1. 자신의 내면을 어떻게 바라볼 것인가?

 내적 열심이라는 불씨는 쉽사리 드러내지 말고 항상 잘 덮어서 조심스럽게 숨겨서 보존해야 한다. 시시각각으로 나무를 올려놓아 불씨의 불이 타오르게 하듯 화살기도 등으로 자주 마음을 들어올려 하느님을 우러러보고 담화하지 않고, 자신의 욕구에 몰두하거나 하느님의 특별한 부르심이나 인도하심 없이 무슨 일에 참견하려들면 이 불은 꺼질 위험이 많다. 혹은 꺼지지 않더라도 여기저기 날아다니지만 밝게 비추어지지도 타지도 않는 도깨비불과도 같다. 이 불을 보존하기 위하여 나는 앞으로 잠심 중에 기도하는 것을 더 사랑하고 이를 위해서는 참으로 가난한 영혼을 지녀야 하겠다. 가난한 영혼은 무분별한 감정과 마음을 산란케 하는 모든 형상을 가능한 한 빨리 기억에서 지워버린다.

 만일 우리가 신문 한 장이라도 호기심으로 주의깊게 읽거나 혹은 육적으로만 사물을 보게 되면 그로 인해 영혼은 무익한 형상으로 채워지고, 하느님의 감명을 받아들일 수 없게 된다. 이스라엘 백성은 십계명을 받기에 합당하도록 몸과 마음을 깨끗이 해야 했다(출애굽기 19:10 참조). 십계명을 직접 받아야 했던 모세는 그 외에도 그가 7일째 되던 날 드디어 하느님의 음성을 듣고 바라볼 때까지 6일동안 구름에 덮여 완전히 고독한 가운데 있어야 했다(출애굽기 24:16 참조).

우리에게도 같은 것이 행해져야 한다. 하느님께서 그분의 계명을 우리 마음 속에 새기시려 할 때 그 안에는 어떠한 것도 있어서는 안된다.

하느님과의 완전한 일치를 향한 노력 안에서 처음에 대단히 집중된 가운데 고독하게 살았던 영혼들을 나는 알고 있는데, 그들은 열심한 자라고 불리우는 다른 사람들에게 견디어내기 어려웠다. 왜냐하면 이 영혼들이 왜 이렇게 모든 점에 삼가고 내적이어야 하는지 그들은 이해할 수가 없었고 또 이 영혼들 안에서 이루어지고 있는 것을 몰랐기 때문이다. 그러나 이 영혼들이 내적 결합 가운데 더 견고해진 후에는, 외적으로 더 자유로워지고 교제에도 더 활동적이 되었다. 그러나 이 영혼들은 항상 진지하고 외적 감각에 무딘 채로 머물러 있다. 왜냐하면 내적 주의력은 영혼이 해이해지는 것을 결코 허락하지 않는다.

세상의 방법대로 완전해지기를 원하는 사람들은 모든 일에 외적인 면을 극히 중요시하여 꾸미고 다듬는다. 왜냐하면 인간의 눈에는 이러한 것들만이 보이기 때문이다. 그러나 아무도 보지 않는 그의 내면은 소홀하고 만다. 그러나 하느님의 방법대로 완전해지기를 원하는 사람은, 하느님이 그것을 보시기 때문에 그의 모든 염려를 내면으로 향하게 한다. 그 곳에서 하느님은 그의 거룩한 성전에서와 같이 기거하시기를 즐기신다(시편 131:14 참조). 거기에서 그분은 은총과 빛을 넘치도록 내리시고 당신을 드러내보이시며 영혼을 환희에 넘치게 한다.

천상 신랑의 방문을 느끼고 그의 은총을 헛되이 받고 싶지 않은 사람은, 그분을 타당한 성실로 모셔야 하며 그분의 성심의 소리에 크고 변함없는 주의력을 가져야 한다. "그 때가 언제 올는지 모르니 조심해서 항상 깨어 있어라"(마르코 13:33). 우리의 마음을 고이 보존하지 않고 은총을 받으려 하지 않기 때문에, 하느님께서 우리에게 주시고자 하는 은총을 우리는 얼마나 많이 거절하고 있는지? 또는 은총의 흐름에 대한 불충실로 인해 받은 은총을 다시 잃어버리기도 한다. 또는 덕행 실천에 있어서 수반되는 모든 수고와 고통을 두려워하는 게으름으로 인해 혹은 외적 일에 몰두하고, 하느님의 자비하심을 잊어버리는 경솔함으로 인해 이 은총을 잃어버린다!

열절함이 없이는 하느님의 은총을 사용하는데 충실하지 못하고 이 성실과 열절함없이 어떤 완덕도 있을 수가 없다. "먼저 하느님의 나라와 하느님께서 의롭게 여기시는 것을 구하여라. 그러면 이 모든 것도 곁들여 받게 될 것이다"(마태오 6:33) 라고 예수께서 말씀하셨기 때문에 우리는 매일의 복잡함 가운데 오로지 삼가며 내적 열심을 보호해야 한다.

내적인 것에서 멀어지게 하는 외적인 일에 어찌 이처럼 많은 수고를 해야 하겠느냐? 나의 모든 염려와 부지런함과 모든 생각은 내 안에 있는 하느님의 왕국으로 향해야 될 것이다. 그 외의 모든 걱정은 그분께 맡겨드리고 싶다. 언젠가 내 안에 그분의 나라가 견고해지게만 된다면 그분께서 모든 것을 염려해 주신다는 것에 대해 의심할 수 있겠는가? 내가 내적으로 완전한 잠심 상태에 있기를 노력하지 않는다면, 하느님의 나라가 내 안에 이루어지지 않을 것이다. 그러나 내 안에 하느님의 사랑이 완전히 지배하게 되면 이 사랑은 나를 내적으로 예수님과 아주 동일하게 만들 것이다.

《오, 하느님! 당신 밖에서 즐거움을 찾고자 하는 사람들은 얼마나 어리석은지요. 당신은 모든 피조물의 안식처이십니다. 그들은 당신 안에서가 아니라면 행복할 수가 없을 것입니다. 그러하오니 당신의 나라가 빨리 임하게 하소서! 당신의 나라가 우리에게 임하시기를 매일 청하나이다! 당신의 나라가 내 안에 견고해지기를 보고 싶어하는 욕망으로 내 마음이 불타고 있음을 당신은 아시지요?》

세상의 쾌락을 누리고 싶어하는 사람은 하느님과 영적 기쁨을 결코 맛볼 수가 없다. 왜냐하면 하느님은 질투심이 강하시기 때문이다(출애굽기 20 : 5). 그분은 끝없는 탁월함과 존엄 때문에 그분 외에 다른 곳에서 그들의 기쁨을 찾는 사람들에게 당신의 기쁨을 안겨 줄 수가 없다.

그래서 나는 기분전환이라는 구실로 피조물 가운데서 방황하는 잘못된 자유를 내 영혼에게 허용할 수가 없으며, 영혼이 가능한 대로 항구하게 자신의 핵심인 하느님 안에서 결합되어 있기를 원한다. 필요한 일과 인간적인 나약함 때문에 내 자신을 하느님에게서 멀어지게 하는 것이 나에게는 십자가이다. 그러나 그분은 끊임없는 결합의 은총을 나에게 선물로 주시리라 희망한다.

아, 언제쯤 나는 진정으로 내 자신으로부터 벗어날 수가 있을까? 나를 완전히 하느님께로 들어올려, 그분과의 영원한 친교 속에서 즐길 수가 있을까! 그것을 위하여 기도의 정신이 요구된다는 것을 나는 잘 알고 있다. 그러나 이것은 고독과 절제와 성실한 기도의 생활을 통해서만 유지하고 보존될 수가 있다. 인간은 환경과 직업이 허용하는 대로, 침묵과 내적 순결을 유지해야 된다. 새로운 일을 시작할 때마다 네 자신에게 다음과 같이 말하여라! 내 영혼아, 무엇이 너를 해치고 무엇이 너에게 도움이 된단 말이냐? 그러므로 아무 것에도 마음을 기울이지 말고 평온한 마음으로 오로지 흔들림없이 하느님께 몰두하여라. 하느님 외에 아무 것도 소유하기를 원하지 않는 영혼에게 무엇이 필요하겠느냐?

　피조물들은 생계를 유지하는데 이바지하지만 영성생활을 죽일 수 있으니 그들에게 신경쓰지 말고 내버려 두어야 한다. 하느님의 아드님께서 지상에서 우리를 위해서만 사셨는데, 우리가 그분만을 위해서 사는 것이 당치 않단 말이냐? 하느님께서 정하신 뜻이 아니라면, 외적인 일에 너무 빠져들지 않는 것이 너의 마음을 괴롭히지 않을 것이다. 혼잡함을 피하는 자는 복되도다!

　왜냐하면 그로 인해 그는 기도생활에의 관문을 통과하게 되기 때문이다. 본성의 타락을 키우는 것 밖에 아무 것에도 쓸모없는 많은 것들을 우리는 필수적인 것으로 간주한다. 만일 하느님께서 우리의 모든 행동들을 조사하신다면 그분의 마음에 들고 아주 좋다고 생각되는 것은 하나도 발견되지 않을지 모르겠다. 우리는 거의 모든 것을 본성과 인간적인 생각과 우리의 애착에 따라 행한다. 은총의 자극에 따라서는 드물게 행동하며, 대부분 그의 완전한 영향을 받으려 하지 않는다. 때때로 은총에 의해 시작은 하지만 항구히 계속 하지는 않는다. 완전히 본성적인 것은 하느님의 마음에 들지 않는다. 순수한 덕행은 얼마나 드문지! 약간 잘된다고 하는 것들은 은총이 본성에 섞였기 때문이다. 빛을 지닌 이는 이 사실을 깨닫지만, 나머지 사람들은 큰 죄만 피해야 한다고 깨닫는다.

　《오, 예수님! 내 영혼이 아주 당신 것이 되도록 완전히 소유하시고 당신의 은총으로가 아니라면 아무 것에도 동요되지 않게 해 주소서. 이것이 저의 가장 큰 소원입니다. 제 영혼은 결코 반쪽만 당신께 드리고 반은 세상에 속하여 불완전하고 싶지 않습니다.》

2. 내적 집중과 예수님 곁에 머물러 있는 법

대부분의 영혼들은 세상과 피조물의 잡음 속에서 너무나 혼란한 상태에 있으며 그로 인해 사랑에 가득찬 하느님의 음성을 영혼 안에서 듣는 데에 방해가 되게 한다. 영혼은 하느님의 이 음성을 통해 완전한 마음의 순결과 하느님의 사랑에로 불리움을 받고 인도되어야 한다. 그들에게는 휴식과 고요와 은거와 고독이 결핍되며 그것에 대해 하느님께서는 다음과 같이 말씀하신다. "나는 그를 꾀어내어 빈 들로 나가 사랑을 속삭여 주리라"(호세아 2:16).

만일 우리가 외적인 일에 완전히 몰두하지 않고 좋은 의도하에서 하더라도 거기에 푹 빠져들지 않도록 언제나 조심한다면 정신을 집중하고 명상에 잠겨있기란 그렇게 어려운 일이 아니다.

사탄은 내적 생활 가운데에서 완덕이라는 크고 중요한 작품이 완성된다는 것을 알기 때문에, 믿을 만한 속임수로 우리의 내적인 것을 파괴하려고 꾀한다. 현명한 사람은 깨어 있고, 주로 그의 내적인 것을 보존하려 한다. 그는 그의 외적인 사무에 너무 몰두하지 않고 다만 그의 내적 생활이 손해를 입지 않는 한도내에서 그 일을 수행한다. 그러나 사람들은 내적 생활을 별로 좋아하지 않는다. 그 생활이 숨겨져 있고, 겉으로는 나타나지 않기 때문이다.

준주성범의 다음 말씀에 귀를 기울이자. "너는 마음을 다하여 하느님께로 향하고 이 가련한 세상을 끊어라. 그러면 네 영혼이 고요할 것이다. 바깥 사물을 가벼이 보고, 영혼 사정에 주의를 다하는 공부를 하라. 그러면 하느님의 나라가 네 안에 이르는 것을 보리라. 하느님의 나라는 성령을 통해서 누리는 정의와 평화와 기쁨이다"(로마서 14:17). 바깥 사물을 가벼이 보는 것을 배우기 위하여 우리는 우리 주 예수 그리스도의 마음 속 깊숙이 들어가야 한다. 우리는 거기서 그분의 아버지께 대한 열렬한 사랑과 하느님이 아닌 모든 것을 가벼이 보는 것을 배우게 되리라. 예수 그리스도의 마음 속으로 들어감과 그 안에 머물음은(요한 15:4 참조) 힘있고 놀랍게 작용하며, 내적 생활의 진보를 힘차게 촉진한다. 그러나 그것은 매우 알려지지 않았으며 낯설고 잊혀진 것이다.

영혼은 갖은 단장을 하고 안으로 들어가고(시편 44:14), 그곳에서 하느님은 영혼과 친교의 기쁨을 누리신다. 만일 영혼이 하느님의 합당한 거처가 되어 그분의 형상 안에서 변화되었다면, 그분은 자신 안에서―영혼 안에서―기뻐하실 것이다. 하느님이 우리 영혼의 깊숙한 곳에 계시다는 것과 하늘에서처럼 그곳에 그분의 거처를 마련하신다는 것은 확실하다. 그분께서는 마음이 깨끗한 사람 안에서만 자신을 드러내신다(마태오 5:8 참조). 그분은 스스로 끝없는 지복과 영광을 누리시면서 한없이 즐기신다. 그러나 영혼이 이 충만함을 감당할 수 없기 때문에, 때때로는 그분의 식탁에서 떨어지는 빵부스러기를 줍듯이(마태오 15:27) 드물게 영혼은 이런 은총을 누리게 된다.

내적인 사람은 그의 마음을 홀로 하느님께만 열어보이고 모든 피조물에게는 굳게 닫힌 동산(아가 4:12)과 같다. 그는 자주 예수 그리스도의 마음 속을 관상하며, 또 흠숭하고, 사랑하며, 하느님의 기쁨으로 충만되어 경탄한다. 만일 네가 하느님의 외아들과 모든 면에서 닮고, 네가 그분처럼 가난하고 멸시받고 고통을 받게 된다면, 너의 마음도 그분의 것과 똑같은 기쁨으로 채워져 너는 그분과 같이 천국의 기쁨을 맛보게 될 것이다. "우리가 그리스도와 함께 당하는 고난이 많은 것처럼 그리스도로 말미암아 받는 위로도 많습니다"(Ⅱ 고린토 1 : 5).

내적인 사람은 그가 할 수 있는 대로 항상 모든 무질서한 애착으로부터 벗어나 자신을 잠심 중에 있도록 한다. 그래서 그는 언제나 자신을 쉽게 들어올려 하느님께로 돌아갈 수 있으며 큰 고요 가운데 하느님을 즐길 수가 있다. "네가 만일 외적인 위로를 업신여긴다면, 너는 내적 위로를 얻게 될 것이다"라고 토마스 아 켐피스는 말하였다.

현세 생활의 타락된 처지는, 우리가 만사에 끊임없이 죽어야 함을 요구한다. 왜냐하면 피조물에 대한 즐거움은 우리를 쉽게 하느님에게서 떠나도록 하는 힘이 있기 때문이다. 그렇기 때문에 가능한 한 그것을 멀리하고 하느님으로부터 오지 않는 모든 쾌락을 거절할 성실을 필요로 한다. 우리의 타락함과 묵은 습관과 변천하는 사물에 대해 애착하는 우리의 본성은 우리가 하는 극기를 귀찮아 하고 그것이 끊임없는 십자가라고 여긴다. 그러나 하느님을 즐기는 한순간이 모든 고통보다 더욱 가치가 있다.

그의 영혼 안에서 일어나는 모든 것에 대해 세심히 관찰하는 내적 인간은 경험에 의해서 육욕과 이성의 빛을 은총의 빛으로부터 구별할 수 있다. 은총의 빛으로 한번 꿰뚫어 보게 되면 그에게는 육욕과 이성의 빛이 암흑과 같이 보인다. 누가 한번 하느님을 그의 마음 속에서 맛보았다면 피조물 안에서 어떠한 풍미도 발견할 수 없을 것이다. 그는 하느님 외에는 어디서도 맛과 흥미를 느낄 수 없게 된다. 끝없는 하느님의 아름다움, 그리스도적 덕행의 우월함, 예수님 가르침의 숭고함과 그를 따르기 위한 수련 등은 영혼을 대단히 자극하며 그에게는 다른 모든 것이 불쾌하고, 공허하고, 생각할 가치가 없게 된다.

만일 영혼이 그의 눈을 내적 생활로 향하는데 습관이 되면 그는 현존하시는 하느님과 끊임없이 친교를 나누게 되고 그분과 더 이상 헤어질 수가 없게 된다. 이때 영혼은 그분 안에서 자기가 모방해야 할 덕행을 더 많이 발견하면서 그분 외에는 아무 것도 더 이상 바라보고 싶지 않고 그분과 점점 더 밀접하게 결합된다.

하느님이 누구이시며 피조물은 무엇일까? 하느님께서 너를 찾으시고 너에게 당신 자신을 주시려 하시는데, 너는 그분에게서 왜 멀리하려고만 하느냐? 피조물들은 자주 너를 거부하는데, 너는 자신을 그들에게 주려 하느냐? 피조물이 그의 하느님을 멀리해서야 되겠느냐? 하느님께서는 너를 소유하시고, 네 안에서 거하시고자 하시며, 네 안에서 너를 통해 당신 자신을 관상하고 사랑하고 현양하기 위해 너를 그분 안에서 거처하게 하신다. 그럼에도 불구하고 너는 너의 하느님에게서 멀리하고, 조성된 피조물의 혼잡함 속에 기꺼이 네 자신을 주려 하느냐? 얼마나 크나큰 착각인가! 너는 감히 하느님을 자기 안에서 찾아내는 모욕을 하느님께 가하려느냐?

《오, 나의 하느님! 내가 이렇게 오랫동안 당신을 떠나서 살았고, 또 이렇게 오랫동안 내 자신을 당신께 맡기기를 망설였으니 얼마나 가슴이 아픈지요! 이제 내가 당신을 발견하였으니, 아무 것도 더 이상 나를 당신과 당신 사랑에서 떼어놓지 말게 하소서. 하느님! 내가 당신을 저버리기보다는 차라리 죽게 하소서. 왜 당신은 이 가련한 피조물을 찾습니까? 당신께 부족한 것이라도 있단 말입니까? 당신은 풍요 자체가 아니십니까?》

3. 어린이같이 단순하게 하느님과 성령의 인도를 받을 것이다

영혼의 유일한 일은 자신을 하느님께 위탁하는 것이며, 영혼 안에서의 그분의 활동하심에 저항하지 않는 것이다. 그분께서 영혼에게 주시고자 하는 것을 공손하고 순박한 마음으로 받아들이는 것이어야 한다. 영혼이 이러한 태도를 취할수록 하느님께서 그 안에서 만드시는 작품은 더욱 걸작이 될 것이다. 그 작품은 완전히 신적인 것이다. 이것을 완성시키는 데는 영웅적인 인내와 성실함, 아무런 자기 변명도 하지 않는 극기와 고독에 대한 큰 사랑이 필요하다. 영혼이 너무 산란해지고, 복잡해지고, 피로해지고, 가련해지고 마음이 헷갈려 하느님과의 완전한 합일에 무력해지지 않도록, 하느님께서 영혼에게 원하시는 것을 제외하고는 어떠한 짐도 너무 많이 져서는 안 되겠다.[4]

만일 우리가 좋은 생각과 거룩한 욕망과 애착으로 채워진 우리의 사고력과 의지를 하느님께로 향한다면 그것은 내적 생활의 좋은 시작이 될 것이다. 하느님의 마음에 들 때까지 우리가 이것을 성실하게 이행한다면, 우리에게 순수하고 완전한 길을 보여 주실 것이며, 우리 안에서 당신 스스로 활동하기 시작하실

주 4) 우리는 이 귀절을 정적주의(17세기 교회 내에 있었던 신비주의 운동)나 태만해도 좋다고 이해해서는 안될 것이다. 바로 윗 귀절 "영웅적인 인내와 성실함, 아무런 자기 변명도 하지 않는 극기와 고독에 대한 큰 사랑"은 영혼의 큰 노력과 단호한 용기가 요구된다.

것이다. 그러면 하느님의 작용하심으로 우리의 사고와 그 활동이 제지당하게 되며 우리가 스스로 생각하고 활동하는 것이 아니라 하느님의 작용하심을 받아서 생각하고 활동하게 된다. "이제는 내가 사는 것이 아니라 그리스도가 내 안에서 사시는 것입니다"(갈라디아 2 : 20). 이것이 바로 신비생활의 시작이다. 이 모든 것은 하느님 스스로 우리에게 주셔야 한다. 그러나 우리는 겸손과 성실함으로 그분의 활동하심에 자신을 내맡기고 이 은총을 얻기 위한 준비를 해야 한다.

우리가 회개의 시초에 성령께 우리 자신을 완전히 맡겨드리고, 이후에 계속 우리 자신을 그분께 드리고, 우리에 대한 그분의 절대권을 완전히 승인해 드린다면, 우리에게 열과 빛을 보내 주는 아름다운 태양처럼 그분은 우리 안에서 다스리시게 된다. 우리가 무엇을 행하고 또 어떻게 고통받아야 할지, 그리고 우리가 가야 할 모든 길을 이 천상적인 명백함으로 인해 깨닫게 된다. 이 빛은 우리에게 결코 부족함이 없을 것이다. 만일 우리가 모든 일들을 이 빛 속에서 바라보고, 가능한 우리의 눈을 이 태양으로부터 돌리지 않기 위해 우리 내면을 끊임없이 감시하는 데 습관이 된다면 이 빛은 우리를 완전하게 인도해 줄 것이다. 이것이 바로 내적 생활의 가장 중요한 부분이다. 주여, 우리를 축복해 주소서! 당신의 얼굴을 우리에게 비추어 주시고 우리를 불쌍히 여겨 주소서! (신명기 6 : 24 참조)

이 성령의 빛이 우리를 비춘다면 우리는 안전하고 쉽게 거닐게 된다. 그것은 마치 영혼이 기쁘게 날아가는 것과도 같아서, 모든 것이 그에게는 가벼워진다. 비록 이 하느님의 태양이 흐려진다 하더라도, 거의 느낄 수는 없지만 영혼을 인도하는 데 충분한 여분이 있어 그 빛의 숨은 감명이 남아 있게 된다. 영혼이 성실을 배가하게 되면 이전에는 그에게 어둡게 보였던 모든 것이 밝게 보이고 하느님께서는 영혼을 더 큰 빛 가운데로 인도하신다.

성령께서 영혼을 하느님이 아닌 조물로부터 잘 정화시키셨으면, 그분이 완전히 소유하시는 그 영혼과 대단히 열절하게 일치하신다. 모든 내적·외적 행위 중에 영혼은 매순간 활발히 움직이고 활기를 띤다. 그분이 완전히 다스리시므로 영혼이 더 이상 자기 자신의 힘으로 살고 활동하는 것처럼 보이지 않는다. 영혼은 하느님이 주시는 모든 것을 단순하고 소박하게 받아들인다.

"너희가 생각을 바꾸어 어린이와 같이 되지 않으면 결코 하늘 나라에 들어가지 못할 것이다"(마태오 18:3). 성령의 인도를 따라 사는 사람은 하느님의 자녀입니다(로마서 8:14). 은총이 완전히 자유롭고 장애없이 마치 어머니가 어린애에게 하듯이 너와 더불어 무엇인가 할 수 있도록, 네가 대단히 작고, 유순하고 겸손하다면, 또한 네가 너 자신의 지혜 대신에 현명하신 예수 그리스도의 어리석음을 따른다면 너는 완덕의 길에서 멀리 떨어져 있지 않다. 완덕의 가장 큰 비밀은 우리가 아무 것도 자신의 힘으로 행하지 않고, 하느님께서 원하시는 대로 우리 안에서, 우리와 더불어 하시도록 맡기며, 그분의 활동하심을 언제나 단순함과 용기를 가지고 따르는데 존재한다.

성령의 역사하심으로 인해 얻게 되는 하느님의 지시를 깨닫고 따르는데 익숙해진 영혼들은 행복하다. 복되어라, 인간적인 생각이나 궤변에 구애받지 않는 자! 성령 외에 더 좋은 지도자가 있을 수는 없다. 그분은 영혼 안에 언제나 현존하시며 영혼의 활동을 보신다. 만일 영혼이 그분에게만 귀를 기울인다면 그분은 영혼이 해야 할 모든 것을 상기시켜 주신다. 그러나 우리의 분심과 하느님을 등지는 것은 모든 결점들의 원인이 된다. 분심하는 것과 정도(正道)에서 벗어나는 것은 같은 것이다.

　매우 순결하고 자유로운 영혼은 아주 단순해지고, 하느님께 모든 주의력을 쏟는다. 영혼은 자기 자신의 힘으로는 아무 것도 할 수 없는 순수한 관조를 통해 신앙의 단순함 속에서 항상 현존하시는 하느님을 본다. 영혼이 유혹에 떨어지게 되면, 그는 열절하게 더 자주 하느님께로 찾아들고 더 충실히 그분께 나아가 그를 묶는 모든 피조물로부터 자유로워지게 된다. 영혼이 하느님 안으로 달아들고 피난처를 찾는 것은 훌륭한 영적 수련이다. 이로 인해 하느님은 영혼에게 신적인 감명을 주어 감미롭고 사랑스럽게 고독의 빈들로 꾀어낼 수 있게 된다(호세아 2 : 16). 이것만이 홀로 영혼을 내적 고독의 상태에 두고 하느님이 아닌 모든 것에서 헤어나게 한다.

　십자가와 고통 중에서도 영혼은 그의 단순함을 버리지 않고, 하느님의 마음에 드는 대로 자신의 아픔을 바라보고 인간적인 위로를 찾지 않고서 순수하게 고통받는다. 하느님이 원하시는 대로 자신을 십자가에 못박도록 영혼은 하느님의 손 안에 단순하게 머물러 있다. 그는 외적인 일을 할 때 그 안에 너무 몰두하지 않으려고 조심하며, 만사에 하느님만을 찾고 발견하고 바라보게 하는 내적 자유를 보존한다.

　그는 그의 내적 상태의 모든 변화, 즉 빛과 암흑과 열정과 기쁨과 평화와 안정의 변화를 감수한다. 그는 하느님 외에는 아무 것도 원하지 않고 그분이 바라시는 것만을 원하는 단순함 속에 머물러 있다. 그는 언제나 하느님 안에서 초연하다. 영혼의 한 부분 — 감성 — 은 여러 가지 변화에 부딪치지만, 영혼의 다른 부분 — 영 — 은 완전한 자유를 소유하고 하늘에 떠있는 달처럼 항상 명랑하고 고요하다. 매사에 부족함을 모르고 정서의 변화에 대해서도 초연하다. 그는 태양이 모든 것을 동시에 비추는 것처럼 두루 비춘다. 영혼이 모든 잡다한 것을 버렸기 때문에, 그는 단순한 일치 속에서 쉬고, 아무 것도 원하지 않으며 자기 밖에서는 아무 것도 찾지 않는다. 그는 지복을 멀지 않은 곳, 즉 자기 안에서 얻기 때문에, 그것을 비밀히 자기 안에 간직한다. 그는 홀로 하느님만을 위해서 일하고, 언제나 죽을 준비가 되어 있다.

모든 일 안에, 그리고 언제나 초자연적인 것 외에는 아무 것도 보지 않을 정도로 완전히 하느님과 예수님으로 가득 채워진 영혼들이 있다. 예수님께서 그들 안에서 모든 것을 하신다. 영혼이 고통받으면 예수님께서 당신 지체 안에서 고통받으시는 것이며, 영혼이 활동하면 그 안에서 활동하시는 분은 예수님이시다. 영혼이 관상 중에 있으면 그 안에서 관상하시는 분이 예수님이시고, 영혼이 사랑한다면 그 안에서 사랑하시는 분도 예수님이시다. 이렇게 하여 영혼은 자기 안에서 하느님과 예수님 밖에는 볼 수가 없게 된다.

또 영혼은 순결과 순명과 완전한 위탁 안에서 자신을 보존하는 것 외에는 아무 것도 마음 속에 지닐 필요가 없다. 그는 하느님께서 그에게 주시는 것을 단순하게 받아들인다. 그분이 그에게 아무 것도 주시지 않는다면 그는 그대로 만족해한다. 하느님의 뜻과 일치하는 것이 그에게는 모든 것을 대신하고 다른 어떤 것보다 가치가 있다. 이러한 영혼들의 평화는 얼마나 크고 그윽한 것인지! "당신 법을 괴는 이는 평화도 흐뭇하여, 무엇 하나 거칠 것이 없삽나이다"(시편 118 : 165).

4. 내적 기도와 이를 위한 우리의 자세

영원하신 말씀이 육화되어, 천주성이 인성과 결합된 이후부터, 우리는 고귀한 직분인 기도에로 불리움을 받았다. 이는 하느님과 함께 이야기하고 그분과 친교를 나누는 것이다. 기도의 은총은 그리스도 강생의 열매이다. 우리는 이 은총을 대단히 높이 평가해야 하며 큰 경외심으로 보존해야 한다. 예수성심은 영혼이 그분으로부터 멀어졌을 때마다 가련한 영혼을 끌어당기는 중심이고 휴식처이다. 내 영혼아, 이 하느님의 마음은 네가 기도하는 곳이어야 한다. 그분 안에서, 그리고 그분을 통해 너의 모든 기도를 하느님 아버지께 드려야 한다. 이 마음은 세상의 견해와는 아주 반대되는 무한한 하느님께 대한 깨달음을 배워야 하는 너의 학교가 되어야 한다. 너에게 필요한 모든 것을 퍼낼 수 있는 너의 보고(寶庫), 즉 모든 은총의 풍요로운 사랑과 성실과 순결함의 보고가 되어야 한다.

기도는 쓸데없는 것이 아니다. 성인들이 하늘에서 하는 것을 우리는 이곳 지상에서 한다. 하느님을 바라보고 사랑하는 것, 이것이 바로 우리의 가장 중요한 일이 되어야 한다. 그러나 대부분의 사람들은 이 일을 그들의 가장 하찮은 마지막 일로 만들며, 다음과 같은 여러 가지 점들이 이것을 방해하게 된다.

1) 너무 많은 바깥일과 주님이 나에게 맡기시지 않은 많은 일에 마음을 쓰며 걱정함으로써 (루가 10:41).[5]

주 5) 주님이 맡기시는 일이란 주님의 뜻을 따라 행하는 일이다. 주님의 뜻은 직책에 따른 의무에서 분명히 드러나고 또 분명히 깨닫는 내적 암시에서도 드러난다.

2) 육에 대한 너무 깊은 애정과 나약함으로 인해 육체적인 훈련이 가져다 주는 이익은 대단한 것이 못됩니다(Ⅰ 디모테오 4 : 8). 나는 내 몸을 사정없이 단련하여 언제나 민첩하게 움직일 수 있게 합니다(Ⅰ 고린토 9 : 27).

3) 내적·외적 은거 생활과 정신 집중을 소홀히 함으로 인해서(창세기 24 : 63 ; 루가 6 : 12 ; 사도행전 10 : 9 참조).

4) 본성의 애착을 저항하는데 너무도 게으름으로 인해, 성실과 용기를 가지고 초자연적인 생활의 덕행을 실천하지 않는 사람은 결코 진실한 기도자가 되지 못한다(요한 4 : 23 참조).

천상 임금님께서 우리에게 아직 관상을 통해 당신 가까이 나아오도록 허락하시지 않는다면, 그분의 먼 발치에 머물러서 하느님의 현존, 전능, 인자하심에 대한 여러 가지의 진리를 단순히 묵상해야 한다. 우리에 대한 그분의 사랑과 언제나 우리를 응시하시는 그분의 눈길, 예수 그리스도의 천주성과 인성과 그분의 죽으심과 부활과 승천에 관한 단순한 묵상이다. 하느님의 현존, 전능, 선하심과 우리에 대한 사랑의 일반적인 진리를 우리는 항상 마음과 기억에 새겨 기도 시간에 우리 자신을 하느님과의 완전한 결합에로 들어올려야 한다.

영혼은 기도 중에 무엇보다 하느님의 현존 가운데 있어야 한다. 그런 후에는 평화로운 마음으로 어떤 신앙교리나 진리를 조용히 묵상할 것이다. 이때 하느님께서 당신 뜻에 따라 우리에게 은총을 주실 수 있도록 우리는 스스로의 생각이나 활동으로 하느님의 역사하심을 방해하지 않아야 한다. 만일 하느님께서 우리 안에서 말씀하시고 활동하시기를 원하신다면 우리는 고요히 침묵하면서 그분의 빛을 가능한 대로 순수하고 경건하게 받아들여야 한다. 하느님께서 말씀하시고자 한다면 말을 가로채거나 선수치지 말고 그분의 말씀을 조용히 침묵하는 가운데 들어야 한다.

우리는 기도할 때 하느님께서 원하시는 그대로 해야 한다. 하느님께서 어떤 때 우리에게 자유를 허락하시고 좋은 의견이나 감정을 불러 일으키시면, 우리는 긴장과 당황함이 없이 단순히 해야 한다. 그분께서 천상적인 현존의 빛을 보내 주신다면 우리는 그것으로 만족하면서 그분을 존경과 사랑에 찬 눈으로 바라보아야 한다. 우리가 어두움과 건조 상태에 있으면 믿음 안에서 평화로이 끝까지 성실해야 한다. 간단히 말해서, 하느님은 우리 안에서 주인이셔야 한다.

실상 필요한 것은 이 한 가지뿐이고, 우리의 이 좋은 몫은 (루가 10 : 42) 이제와 영원히 지속될 것이므로 이때 우리는 하느님께 몰두하고 잠잠히 있어야 한다. 비록 좋은 일이라 하더라도 우리가 외적인 일에 너무 관심을 가져 우리 영혼이 분심되지 않도록 조심해야 한다. 만일 우리가 하느님과 이웃에게 봉사해야 한다면 모든 것을 온유하고 고요한 마음으로 행해야 한다. 마음이 쇠사슬로 묶이거나 새끼줄로 묶이거나 묶여 있다는 것은 마찬가지이듯이 하느님과 친교를 나누며 그분 안에서 고요히 쉴 수 없게 좋은 일이든 안좋은 일이든 세상 일에 정신이 쏠려 주의력이 산만해지고 하느님께 향하는 우리 마음에 여유가 없어서는 곤란하다. 그래서 우리는 무엇보다도 기도에 대한 흠모와 열망을 보존해야 한다. 그리고 그것이 영성 생활이나 초자연적인 생활을 위해서 탁월하고, 하느님의 마음에 제일 흡족한 방법이라는 것을 굳이 믿어야 한다.

가장 불완전한 기도라도 가장 좋은 외적 행위보다 더 가치가 있다. 그러므로 기도가 너에게 결코 싫증나지 않기를! 만일 아무 소용이 없다고 보이더라도 기도는 중단하지 말아라! 오히려 그럴수록 기도 중에 더욱 더 성실하게 참고 견디어라!

내가 깨달은 바에 의하면 기도의 큰 비밀은 영혼 안에 자리하는 신적 태양(주님)으로부터의 빛의 감명을 고요하고 순결한 마음으로 받아들이는 데 있다. 이 신적 태양은 우리 사고력의 도움없이도 모든 진리를 밝게 비출 수가 있다. 이 태양은 우리가 여러 가지의 외적 일로 애쓰지 않아도 우리 안에 하느님의 사랑을 태워줄 수가 있다. 또한 우리는 하느님의 활동을 잘 느끼지 못하지만 덕행에 많은 결실을 맺게 한다. 영혼이 기도 중에와 기도 외의 시간에 해야 할 것은, 하느님이 영혼에게 주시는 감명과 활동하심과 비추심에 주의를 기울이는 것이다. 또한 그가 단순하고 열려 있는 마음으로 하느님 앞에 꾸밈없이 있는 것이다. 그분께 자신을 온전히 맡기고, 그분이 영혼에게 주시는 것을 그분에게서 커다란 경외심으로 받아들이는 것이다. 그분의 섭리하심 안에 평화와 겸손과 순명의 정으로 머무는 것이며, 자기는 가장 작은 좋은 생각을 갖기에도 부당하다고 생각하는 것이다.

영혼은 자신이 정결하고 순수하게 순명하는 것과 모든 피조물에서 이탈되려는 것에만 애를 쓸 것이다. 그 외의 것은 하느님께서 보살펴 주신다. "하느님께서는 우리 안에서 힘차게 활동하시면서 우리가 바라거나 생각하는 것보다 훨씬 더 풍성하게 베풀어 주신다"(에페소 3:20). 그분이 언제, 그리고 어떻게 우리를 찾아오실지 그 시간과 방법은 그분의 마음에 드시는 대로 맡겨야 한다. 그분은 때로는 단순한 추억을 통하여, 때로는 그분과의 거룩한 명상과 담화의 상태를 허락하심으로 이것을 행하신다. 가끔 믿음만으로 또는 영혼이 수동적으로 받는 빛으로, 그분은 때때로 우리에게서 모든 것을 거두어 가시고 그리고는 다시 당신과의 완전한 결합에로 올려 주신다. 또 때로는 서서히, 때로는 격렬하게 이 모두를 그분의 마음에 드시는 대로 하신다. 모든 이러한 상태에서 영혼은 하느님의 섭리하심에 평화와 겸손을 가지고 순명해야 한다.

5. 내적 기도 중에 삼가야 할 점

내적 기도의 수련 중에 영혼에게 두 가지의 상반되는 일이 해로울 수가 있다.

첫째는, 영혼이 하느님께서 주시는 것보다 더 많은 은총과 완덕을 소유하기를 원하므로 만약 다른 사람이 더 많은 은총과 재능을 가진 것을 보면 당황하게 되고 불쾌감을 느낀다.

둘째는, 영혼이 자기가 받은 은총에 성실히 협력하는 노력을 하지 않는 것이다. 덕행의 실천에 관련이 되는 어려움과 고통 앞에 게으름과 공포심, 아니면 그의 내적 생활에 충분히 주의를 하지 않고 은총의 활동을 깨닫지 못하는 경솔함, 또는 은총을 깨닫고 너무 조심성없이 외적인 일에 관심을 가짐으로써 하느님의 은총과 자비를 잊어버리는 것이다.

은총의 충동을 본성의 충동에서 분별할 수 있도록 영혼이 잘 정화되고 숙달되었다면, 그는 신적 태양의 광채에만 자신을 맡겨도 좋다. 그는 자신이 밝아지고 더워지기 위해 영혼의 바탕에 있는 이 태양을 붙잡는다. 이것이 자신에 대한 하느님의 인도하심이라는 것을 깨닫는 영혼이, 겸손이라는 구실로 혹은 잘못 인도되지 않을까 하는 두려움으로 달리 태도를 취한다면, 영혼은 어디에서나 당신 뜻대로 움직이는 성령의 인도하심을 회피하는 것이다. 우리가 이때 수동적이며, 모든 자신의 활동을 제지시키는 것은 하나의 커다란 신비이다.[6]

기도 중에 꼭 필요한 것은 오직 하느님께만 몰두하는 것이며 또한 그분 안에 쉬는 일이다. 우리가 자주 그분을 떠나, 자기 자신이나 혹은 피조물 안에 머묾으로써 지체한다면, 우리는 하느님의 의도에 어긋나는 것이다. 내적 생활의 시초에 있어서, 헛되고 세속적인 일에 전혀 관심을 두지 않는다는 것만도 어렵다는 것을 나는 물론 잘 알고 있다.

자기 내면의 불완전함을 정화시키고 그 내부를 성덕으로 단장하는 일에 익숙해질 때까지는 영혼은 아직 위로 오를 능력이 없다. 이때는 영혼이 그의 나약함, 좋고 나쁜 경향에서 눈을 떼지 않으면서 하느님의 인도하심에 자기를 내맡기는 시기이다. 그렇지만 하느님께서 영혼 안에 들어가시고 또 영혼으로 하여금 당신 안으로 들어오는 것을 허락하신다면 영혼은 자기의 모든 생각을 그분께로 전환해야만 한다. 그리고 홀로 그분만이 영혼이 거하는 처소가 되어야 하고 안식처가 되어야 한다. 이 점에서, 소위 열심하다는 자들도 하느님의 길을 모르는 탓으로 많이들 빗나간다. 그들은 자기 자신 안에서 너무 많이 지체한다. 자기 자신의 불완전함에 대한 동기 및 아주 세세한 뿌리까지 꼬치꼬치 파고들며 탐구하느라고 시간을 허비한다. 물론 이렇게 해야 할 때가 있지만, 그러나 하느님만을 위해서 또 하느님 안에서만 살아야 할 때도 있는 것이다.

관상적(수동적)인 기도와 묵상에 대한 차이점을 아는 것은 유익하다. 묵상 중에는, 우리가 시도하는 것을 하느님께서도 우리와 함께 활동하시지만 거의 우리 편이 능동적이다. 그런데 수

주 6) 이때 영혼이 착각에 빠지지 않기 위해서는 지혜롭고 경험있는 영적 지도자가 필요하다.

동적인 기도 중에는, 그와 반대로 우리가 하느님과 함께 활동하게 되지만 이 때에는 거의 전부를 하느님 홀로 작용하신다. 믿음을 통하여, 우리는 삼위일체이신 하느님, 사람이신 동시에 하느님이신 예수님, 혹은 하나의 진리를 깨닫게 된다. 또한 아주 천천히, 그리고 완전한 고요 속에서 신적 감명을 받게 된다. 그는 일을 복잡하게 만들지 않고 사물을 평범하게 본다. 영혼은 신적 감명으로 가득 차 있고 그것에 대해 확신을 가지며 모든 성덕(聖德)을 실천할 용기에 불타오른다.

이 상태에서는 영혼이 두 가지를 충실히 피해야 되는데, 그 첫째로는 인간적인 정신의 활동으로서, 이것은 자기에게서 죽지 않고 늘 스스로 생각하고 활동하고자 하기 때문이다. 인간은 누구나 자기 도취의 경향을 가지고 있어, 하느님의 활동하심에 잠잠히 있거나, 그분의 작용하심을 받아들이기 위해 그것으로부터 탈피하거나, 떼어놓기가 매우 힘든 일이다. 그러나 우리는 지치지 말고 꾸준히 하느님의 은총으로써 그것을 극복할 것이다. 다음으로 영혼이 피해야만 하는 두 번째의 것은 영혼의 불결함이다. 영혼은 내적으로나 외적으로 하느님을 찾는 것 외에 또 그분 마음에 드는 것 외에는 아무 것도 찾지 말아야 한다. 자신의 유익에 관심을 두지 말고 하느님이 아닌 것에서 완전히 탈피해야 한다.

명상에는 여러 단계가 있다. 우리가 지상에 있는 동안 우리에게서 정화시켜야 할 것은 언제나 조금씩은 있게 마련이다. 고통도 역시 마찬가지다. 우리는 생애의 3/4을 고통과 십자가를 짊어지는 일로 보낸다. 그렇지만 이 암흑과 고통 중에서도 역시 비록 느끼지는 못하더라도 하느님과 가장 잘 결합되어질 수가 있다. 자기의 신앙이 사랑하라고, 또 높이 평가하라고 가르치는 것 외에는 끊임없이 아무 것도 사랑하거나 존중하지 않는 영혼이라면, 그의 내적 생활에서 많은 진척이 있을 수 있다. 자기의 이성 위에 자신을 들어올리지 않는 자는 세속적이고도 불완전하게 머물 뿐이다. 믿음은 영원한 지혜를 전하는 하나의 매개체인데, 이 신앙의 인도를 받지 않는 모든 것은 거짓이며 어리석음이다.

신앙은 또한 우리에게 진리를 확실하게 보여 준다. 신앙의 빛은 어둡지만 안전하고, 신앙의 길에서 마주치는 어두움은 자연적인 이성의 모든 분명함보다 비유할 수 없이 더 좋은 것이다. 믿음의 기도는 하느님을 단순히 기억하는 것이다. 이는 어떠한 생각보다도 더욱 단순한 것인데 그것은 다만 하느님을 기억에 떠올리는 것뿐이기 때문이다. 신앙은 어떠한 모양이나 형태로 꾸미지 않고 거창한 이론을 내세우거나 따지지 않는다. 그래서 이러한 기도는 단조로우며 변화가 적다. 이것은 육신을 피로하게 하지 않는데, 모든 내·외적 긴장은 건강에 해롭고 기도에 장애가 된다.

나는 기도 중에 순수한 믿음의 길을 대단히 좋아한다. 이것을 통해 영혼은 하느님을 깨닫는다. 하늘에서 성인들이 찬란한 빛 가운데 하느님을 뵈옵듯이 영혼은 신앙을 통해 그분을 분명히 깨닫게 된다. 이는 여러 가지의 모양으로, 여러 가지의 길에서 깨닫게 되지만 똑같은 본질이기 때문이다. 지상은 믿음의 나라이며 천국은 관조의 나라이다. 하느님과 천상의 것들을 여기에서는 보거나 알게 되는 것이 아니라 믿는 것이다. 이 길은 이성으로부터 대단히 공격을 받게 된다. 왜냐하면 이성은 언제나 활동하고 조성된 사물에 의뢰하고자 하기 때문이다. 우리는 이성을 그의 모든 활동과 더불어 끊임없이 죽이고 여기에 도움이 되는 모든 것, 즉 내적 건조와 고독을 기꺼이 받아들여야 한다.

하느님과의 교제에 있어서 뛰어난 한 방법은 그분의 엄위로 둘러싸여 있는 거룩한 암흑에로 (출애굽기 20:21 참조) 들어가기 위하여 자신의 모든 빛과 자신의 온갖 깨달음을 없애는 데에 있다. 왜냐하면 하느님은 사람이 감히 가까이 갈 수 없는 빛 가운데 계시기 때문이며(Ⅰ 디모테오 6:16), 우리에게 있어 이 빛은 완전한 암흑이기 때문이다. 그래서 우리는 우리의 모든 시각과 빛 위로 자신을 들어올려야만 하고, 우리의 이성을 이 암흑 속에 잠기게 해야 한다. 그분이 우리의 모든 사랑을 초월하여 사랑스러우신 것처럼, 그분이 모든 우리의 이성을 초월하신다는 것을 우리는 깨달음의 죽음 안에서 고백해야 한다.

관조함이 없이 보는 이 상태에서 영혼은 하느님에게서 어떤 특별한 것이나 피조물과 구별되는 점을 발견하지 못한다. 오히려 이때는 우리의 내면을 하느님의 위대하심과 무한한 완전하심에 대한 강한 감명으로 넘치게 하고 깊은 존경심과 사랑을 끊임없이 채워주는 박식한 무지이다. 이러한 상태는 영혼의 커다란 순결과 깊은 평화를 요구한다.

《오, 하느님! 내가 당신을 관상하게 되면, 나는 알려진 것보다는 알려지지 않은 것에 더욱 몰두하게 됩니다. 당신은 모든 깨달음과 온갖 찬미와 모든 사랑을 초월하며 지고하십니다. 우리가 당신을 찬양하고자, 감탄하고자, 사랑하고자 애쓴다면 그것은 단지 당신 스스로 가지고 계시는 그 찬양과 사랑 속에서 이루어지는 것뿐입니다. 왜냐하면 나의 모든 찬미와 사랑은 "나는 당신을 찬미할 수도, 사랑할 수도 없나이다"라고 고백하는 데에 존재하기 때문입니다. 오, 주여! 그러하오니, 내 안에서 나를 통하여 당신께서 친히 찬양하시고 사랑하실 때에 내 영

혼의 기쁨과 만족함이 있겠나이다. 보소서, 이것이야말로 내 영혼이 할 수 있는 가장 뛰어난 것이리이다.》

6. 관상기도와 그 작용

  기도에 전력하는 순결하고 침착한 영혼은 대낮의 태양처럼 하느님의 영을 자기 안에 소유한다. 성령께서는 영혼에게 가장 작은 결점이나 불완전함까지 특별한 노력이나 성찰 없이도 깨닫게 해 주심으로써 영혼을 정화시키신다. 성령께서는 영혼이 조금도 의심할 여지가 없이 은총의 길과 하느님의 뜻을 알게 해 주심으로써 영혼을 비추신다. 성령께서는 영혼에게 하느님의 가장 열렬하고 가장 신비롭고 가장 숨겨진, 하느님의 사랑과 순결한 영혼과의 특별한 친교를 보여 주심으로써 영혼을 하느님과 결합하게 하신다.

  예수님은 문이시다. 그분과 같아지고 그분이 가신 길을 따름으로써 우리는 아버지와의 완전한 결합에로 들어가게 된다. 우리는 하느님 안에서 변화되기 전에 먼저 예수님 안에서 변화되어야 한다. 이 수동적 기도(관상기도)의 비밀을 하느님께서는 작은 자와 겸손한 마음을 가진 자들에게만 열어 보이신다. 똑똑하고 영리하다는 사람들은 하느님의 선하심과 자비하심을 파악할 수도 믿을 수도 없기 때문에 하느님께서는 그들에게 이 비밀을 감추어 두신다. 이리하여 그들은 자신들에게 알려지지 않은 것을 불가능한 것으로 간주한다. 우리는 그들의 말을 들어서는 안된다. 그들의 가르침은 영혼들을 어리둥절하게 만든다. 그러나 겸손한 영혼이 한번 하느님에 대한 체험을 했다면 그는 견고히 머물러 있고, 하느님의 힘과 은총이 모든 것을 할 수 있다고 믿는다.

산만하지 않은 진정한 기도는 하느님께서 영혼에게 부어 주신 것이다. 마카리오 교부는 이 길을 다음과 같이 묘사하였다. "영혼은 하느님 앞에서 기도하는 데에, 그리고 그분을 사랑하는 데에 완전히 몰두해야 한다. 그러나 영혼은 공상하거나 분심하여서는 안되며 오히려 그는 그리스도께 모두를 기대하면서 속 마음을 다 드러내 보여야 한다. 그리하면 그분은 영혼에게 진실한 기도를 가르쳐 주신다. 그 기도는 영적이고 하느님의 마음에 드는 순수한 기도이다. 이것이 바로 영적이고 참되게 하느님을 흠숭하는 기도이다."

하느님께서는 나에게 자비를 보이시어 나로 하여금 하느님의 현존 안에서 경건하고 평화로이 침묵 속에서 드리는 이 기도에 대해 조금 이해하고 체험하게 해 주셨다. 그리하여 나는 오랫동안 이렇게 조용히 기도하였다. 그리고 영혼의 한 부분에서는 감성에 의해 불안과 유혹이 일어났지만 영혼의 다른 부분은, 침착한 가운데 어떠한 방해도 없이 하느님께 집착해 있었다. 그것은 보통 때보다도 아주 다른 상태였다. 어느 때보다 더 그윽한 평화와 고요를 맛보았고 모든 것이 다른 때보다 더 본질적이고 안전하였다.

또한 나는 하느님께서 영혼의 바탕에 부어 주신 빛과 애정과 평화와 사랑, 그 모든 것이 기만적인 본성의 위험들과 악마의 유혹과 피조물의 잡음 앞에서 안전하다는 것을 깨달았다. 이 모든 것은 하느님께서 친히 영혼의 바탕에 놓아 주셨으므로 감각의 온갖 유혹에 지배받지 않음을 알게 되었다. 이들은 하느님의 마음에 드는 동안 영혼 안에서 그분이 활동을 계속하실 수 있도록 순결하고 완전하게 머물러 있다. 영혼의 바탕은 인간 스스로의 노력과는 상관없이 활동하시는 하느님의 거룩하고 신비로운 거주지이다. 여기서 하느님은 당신의 본질과 완전하심, 신비와 진리를 계시하시며, 당신 뜻대로 수많은 방법으로 자신을 알리신다는 것을 나는 아주 확실히 알고 있다. 당신 얼굴의 한 줄기 광채는 그분이 우리에게 무엇을 원하시는지 깨닫게 해 준다. "하느님, 우리에게…부드러운 얼굴을 보여 주소서. 우리가 당장 살아나리이다"(시편 79:4).

영혼의 깊숙한 궁방에서 영혼이 하느님과 친교를 나누는 것은 큰 은총이다. 그래서 성인들은 하느님을 발견하고 하느님을 신비롭게 즐길 수 있는 영혼의 성에 대해서 이야기한다. 만일 누가 영혼의 깊숙한 궁방으로 인도되면, 그는 본성의 활동을 은총의 활동과, 그리고 일반적인 은총을 특별한 은총과 구별지을 수 있는 큰 빛을 얻게 된다. 왜냐하면 하느님께서 영혼 안으로 들어가신다면 영혼은 완전히 수동적으로 머물러 있기 위하여 모든 자신의 활동을 중지함으로써 그분의 은총에 응답하기 때문이다. 하느님께서 부어 주신 빛 안에서 보는 진리들은 우리가 단지 묵상을 통해 알게 되는 것보다 그의 마음에 더욱 열렬하고 힘찬 감명을 준다. 영혼은 이제 모든 것을 아주 다르게 깨닫고 또 그가 이전에는 많은 나약함으로 진보할 수 없었던 본성과 애착에서 벗어나기 시작하고 있다는 것을 믿는다.

그러나 하느님께서 영혼과 친교를 누리는 궁방의 문을 누구에게나, 그리고 언제나 열고 있지 않다. 겸손과 신뢰심을 가지고 자주 그곳으로 가 문을 두드리자! 그분께서 열어 주시지 않는다면 평화롭고 기쁜 마음으로 문 앞에서 기다리고 우리가 그 곳에서 오랫동안 기다려야 한다면 인내심을 갖자!

그분이 우리에게 찾아오실 시간은 그분의 자유로운 마음에 달려 있다. 나는 이 기도에 대해서 조금만 음미하였고 체험했으나, 이것을 완전히 소유하기 위해 나는 모든 것을 포기하련다. 이 행복에 넘치는 한 순간이 온 세상보다 더욱 가치있다. 하느님께서 우리를 어여삐 보시어 이렇듯 은총을 베푸시는데 우리는 그분의 자비하심을 거절하고 피조물에게 매달려 있을 수가 있겠는가?

가장 단순하고 아는 것도 없는 영혼들이 어떻게 많은 진리의 깨달음을 받았고 또 발견하게 되는지, 그리고 그들이 자기 안에 있는 이 빛을 통해 어떻게 하느님의 완전하심과 그들 자신의 불완전함을 깨닫게 되고 그들과는 거리가 먼 사건들이나 외적인 일들도 잘 알게 되는 이유를 나는 이제야 쉽게 파악하게 되었다.

만일 영혼이 이 관상적인 기도 안에서 하느님을 정관하는 대단히 놀라운 눈을 갖게 된다면 영혼은 그분을 곳곳에서 뵙게 될 것이다. 그리고 그는 만사를 이 신비스런 사랑의 눈으로 보기 때문에 그의 시선은 피조물의 표면에 머물지 않고 피조물 안에 숨어 계시는 하느님께 집중될 것이다. 예수께서는 영혼이 자기의 원동력이 완전히 그분 안에 있고 그분의 차지이며 자신이 언제나 그분과 더불어 활동하고 있음을 알게 해 주신다. 그리고 영혼에게는 마치 모든 것이 그의 유일한 사랑의 대상자이신 예수님 안에서 변화된 것처럼 보인다. 이러한 영혼은 대도시의 혼잡함 속에서도 예수님 외에는 아무 것도 보지 않는다.

예수님과 그분의 신비를 바라보는 것이 나에게는 아름다운 꽃동산을 바라보는 것보다 더 좋다. 오, 내가 그분 현존 속에 머물 수 있게 된다면! 그분이 내 마음의 천주이시요 안식처이시며 그분과의 결합은 지상에서의 천국임을 나는 내 마음에 부어주신 평화와 기쁨을 통하여 체험한다.

예수님께 대한 인식은 얼마나 감미롭고 탁월한지! 이 깨달음 없이 모든 것은 무지요 허영이다. 그러나 우리가 예수님을 조금이라도 보고 맛들인다면 그것은 하느님의 자비이다. 이 신적 깨달음은 자랄수록 더욱 설명하기 어렵다. 예수님께 대한 아름다운 추억은 홀로 나의 마음을 채워 주고 나에게서 모든 말을 빼앗아가 버리고, 나를 그분께로 끌어 당기며, 내 자신에게서마저 빠져나오게 한다. 예수님의 아름다우심과 완전하심을 영원토록 보게 될 때 우리는 얼마나 복될까!

예수님 안에 있는 모든 것은 나에게 고귀하고 훌륭하게 여겨진다. 그분의 짧은 몇 마디 말, 눈물이나 탄식은 지금의 나에게 끝없는 행복의 대상이 되고 영혼이 영원한 것에 몰두하기 위하여 이것으로 충분하다고 나는 생각한다.

관상 기도의 은사를 가진 사람은 훌륭한 보화를 소유하고 있는 것이다. 그가 이 세상에서는 가난하다 하더라도, 이 보화는 그를 가장 부유하게 만드는 끝없는 은총의 샘이다. 그러나 그것이 하느님의 선물이기 때문에, 만일 우리가 그것에 대해 자랑한다면 그것은 어리석음이요 주제넘는 일이다. 우리는 은총의 활동하심에 대해 큰 성실함과 우리의 본성적인 애착을 끊임없이 절제함으로써 자신을 준비하고 마음을 쏟을 수 있다. 그러나 그 외의 것은 하느님께서 하셔야 한다. 주께서 집을 아니 지어 주시면, 자신의 힘으로 세우려고 하는 자들의 수고가 헛되리로다(시편 127:1).

의지의 순결함은 일치의 기도를 위해 가장 중요한 준비이다. 이 순결은 우리가 하느님과 그분의 마음에 드는 것 외에는 아무 것도 원하지 않고 그 외의 모든 것에 무감각한 데에 있으며, 또한 하느님께서 우리에게 주시려고 하는 은총과 덕행으로 만족하는 데에 있다. 이처럼 순수한 의지를 가진 영혼 안에서 하느님께서는 즐겨 그의 거처를 정하시고, 그 안에서 온갖 일을 행하신다. 때로는 영혼에게 그의 완전하심을 보여 주심으로써 그는 영혼을 불타게 하시고, 때로는 그분의 공의하심을 영혼에게 집행하시기 위해 그를 십자가에 못박으시고, 때로는 영혼을 더욱 더 정화시키기 위하여 그분 자신을 감추신다. 지금은 영혼을 완전하게 하시려고 영혼을 가르치시고, 그의 잘못에 대해 영혼에게 질책하신다. 그리고서 그분은 그의 이성을 비추시고 그 의지를 불타오르게 하신다. 간단히 말해서 피조물의 소음을 초월한 영혼은, 언제나 그의 천상 정배의 활동하심을 체험하는 가운데 영혼은 수동적인 자세를 취하고 그분께 단순히 애착을 가져야 한다.

7. 내적 기도에서의 여러 가지 체험

영혼이 세상으로부터 자유로워지고, 비워져서, 하느님을 완전히 소유하게 되는 드높은 기도의 경지에 이르기 전에 상상력과 인간적인 분별력이 많은 번거로움과 고통을 준다. 그들은 묵은 습관에 따라 마음 속에 여러 가지 모습과 형상과 생각들을 일으키는 데 언제나 분주하다. 그러나 영혼은 이러한 모든 것에서 벗어나기 위해 성실해야 한다. 그래서 그는 자신이 이 상태에서 아무 것도 하지 않는다는 당연한 걱정으로도 당황해서는 안된다. 만일 그가 모든 사물과 자기 자신에게서 이탈하려는 것 외에 아무 것도 하지 않는다 해도 그는 게으른 것이 아니고 그로 인해 자신의 활동으로 방해할 수 있는 하느님의 초자연적인 활동을 받아들일 마음의 준비가 된다. "하느님께 주의를 기울이고 잠잠히 있는 것은 하나의 커다란 아니 가장 큰 작업이다"라고 성 벨라도는 말하였다.

자기 안에 계시는 하느님께 주의를 돌리거나 주시함이 이 기도의 시작이다. 이때 영혼은 그에게 주어지는 것을 받아들이거나, 하느님의 마음에 드는 대로 모든 것에서 벗어나 고통받는 상태에 머물러 있다. 자기 안에 일어나는 이 수동적인 상태에 대해서 영혼은 어떠한 설명도 할 수 없다. 영혼이 그것을 알지 못하는 가운데 하느님께서 그 안에서 그를 통해 활동하신다. 그러나 영혼은 마음의 깊은 곳으로부터 만족감을 느끼고 자신이 하느님을 위해서 존재한다는 희미한 느낌을 갖는다. 이것으로 그에게는 충분하다.

하느님께서는 가끔 이러한 영혼들을 곤궁과 회의 속에 빠져들게 하시어 장차 누릴 지복까지도 의심하게 된다. 그러나 하느님께서는 깨달을 수 없는 가운데 영혼을 강하게 만드시고 특별히 그에게 마음을 쓰신다. 영혼이 자기 안에서 하느님의 작업을 인식하는 것이 항상 유익한 것이 아니고 자기 만족에 빠지기 쉬우므로 그것을 영혼에게 숨겨두신다. 왜냐하면 인간의 타락성은 대단히 크고 그의 손에 들어오는 것은 쉽게 오염되기 때문이다.

관상기도의 상태에서 하느님께서는 활동적이고, 능동적인 기도와는 완전히 다른 방법으로 영혼을 소유하신다. 관상기도에서 하느님은 당신의 크신 자비로 영혼 안에서 활동하시고, 영혼은 하느님의 활동을 순수하고 신적인 방법으로 받아들인다. 영혼은 이때 게으른 것이 아니라 정반대이다. 그는 평상시 활동과는 아주 달리, 또 대단히 순수하고 근본적인 방법으로 활동하는 것이다. 천국에 계시는 성인들은 완전히 수동적이지만 가장 활동적이시다.

그들의 위대한 정신력은 대단히 숭고한 활동 안에 있다. 우리는 영적인 것들을 감각으로 파악할 수 없기 때문에 기도가 순수한 영의 기도일수록 우리에게는 더욱 더 수동적인 것으로 보인다. 신앙과 사랑으로 하느님 안에서 견고해진 영혼은 자기 힘으로 생각을 일으킬 수도, 활동할 수도 없다. 그는 단순히 하느님 안에 머물러 있어야 한다. 하느님 안에서 그분 자체에, 그리고 그분의 완전하심에, 하느님이시고 인간이신 예수 그리스도와 그 분의 여러 상황에 몰두되어야 한다. 그는 외적이고 활동적이지만, 오직 하느님 안에서이다. 여러 가지 좋은 생각과 깨달음과 애정과 마음의 느낌… 등을 통해 하느님께 도달하는 것 외에 그가 무엇을 또 찾겠는가? 하느님 곁에 있게 되면 그는 이러한 방법들을 더 이상 쓸 수가 없다. 영혼은 다만 하느님 안에서 단순하고 편안히 쉴 수가 있으며 하느님에 의해, 하느님 안에서 스스로 살게 된다. 이것이 그의 활동 전부이다.

어떤 사람도 스스로 체험을 하지 않는 한 수동적인 기도를 이해할 수가 없다. 이 기도의 경험이 없는 이와 이에 대해 이야기하는 것도, 하느님이 이 기도의 은총을 주시기 전에 우리가 그것을 그들에게 알려 주려고 하는 것도 어리석은 일이다. 극소수의 사람들만이 이 순수하고 완전한 기도에로 이르게 되는데, 이는 그들만이 하느님의 활동하심을 받아들일 수 있도록 자신에게서 이탈되어 있기 때문이다. 이성과 마음에 아무 것도 가지고 있지 않는 사람만이 관상기도에 도달할 수가 있다. 하느님은 기꺼이 우리에게 이 은총을 주시고 싶지만, 진지한 극기로서 준비하고 받아들일 상태가 된 마음을 발견하시지 못하기 때문에 그것을 보류하신다.

우리는 모든 피조물에서 완전히 벗어남으로서만 하느님과의 완전한 일치에 이르게 된다. 그렇기 때문에 우리는 모든 부패된 애착과 습성에 무감각해져야 하고, 많이 기도해야 하며, 매순간 자기 자신을 포기해야 한다. 기도와 극기 혹은 자아포기는 떼어놓을 수 없는 형제들이다. 네가 그중 하나를 떠나게 되면, 다른 것도 너에게서 떠나간다. 하나가 분실되자마자 다른 것도 분실되고 만다.

죄악이 온 인류를 타락하게 만든 후부터 우리는 끊임없이 죽지 않고서는 은총 가운데 살 수가 없다. 그러나 만일 하느님께서 함께 일에 착수하시고 죽음의 매를 드신다면 죽기를 원하는 영혼은 멀지 않아 죽게 될 것이다. 그분은 힘차게 내려치시겠고, '의인에게 맞는 것은 차라리 고마움'(시편 140 : 5)이며, 우리가 모르고 있는 채 곪은 종기는 터질 것이다. 하느님께서 일에 함께 착수하시면 영혼이 혼자서 10년간의 평범한 극기로 해낸 것보다 더 많이 하루 아침에 자신에게서 죽게 될 것이다. 그러니 너를 자아포기에로 이끄시는 하느님의 사랑스러운 손길에 대해서 한탄하지 말고, 그분을 흠숭하면서 너의 불충실을 부끄러워하여라!

당신이 그 손을 벌려 주시면 목숨 있는 모든 것, 원을 채우는 (시편 144 : 15) 바로 그 하느님께서 당신께 대한 갈망을 영혼 안에 일으키시고 당신 자신을 드러내심으로써 그 갈망을 채워주신다. 이렇게 영혼은 그의 하느님을 느끼고 그분의 충만하심을 맛보며, 그분은 기쁨과 달콤함과 평화로 영혼을 가득 채워주신다. 모든 것을 만족시키시는 하느님께서 한 영혼의 마음을 넘치도록 복되게 하실 수 있다는 것에 대해 놀랄 수가 있겠는가? 이러한 상태에서 영혼은 그분 안에 계시는 하느님을 즐기며 그는 하느님을 떠나서는 어떤 기쁨도 더 이상 누릴 수가 없다. 그분이 영혼의 모든 것이며, 다른 모든 것은 그에게 아무 것도 아니다.

네가 그분의 선하심과 자비하심을 체험으로 알 수 있도록 하느님께서 네 안에 작용하시고, 당신의 감미로움을 네가 느끼게 해 주시면 아주 경건하게 그분의 활동하심에 주의를 기울여라. 하느님의 특별한 지시없이는 피조물에게 네 자신을 열지 말고, 자신을 그들에게 털어 놓지 말아라! 그들 모두는 가련하고 보잘 것 없는 존재이다. 이 복된 순간에 너의 마음 속으로 들어가서 네 안에 일어나고 있는 은총을 즐겨라! 이 큰 은총을 받는 것에 대하여 놀라지 말라! 하느님께서 손수 너의 가련함 위에 선하심과 자비하심의 옥좌를 세우신다. 감성적인 인간은 이처럼 열절한 은총을 깨닫지 못하기 때문에 그것을 상상이라고 간주할 것이다. 그러나 진정으로 그것은 본질적인 것이며 훌륭한 열매를 맺게 된다.

합일의 기도의 본질은 가끔 감각과 이성으로 흐르는 깨달음이나 비추심이 아니고 진심으로 하느님께 애착하는 데 있다는 것을 잘 알아야 한다. 영혼이 순결한 사랑의 완전한 일치 가운데 있는 동안 감각과 이성은 어두움과 고통 중에 있을 수 있다. 이 결합으로 인해 영혼은 하느님을 떠나 자신의 노력으로 일년내내 고생하여 얻는 것보다 하루에 더 많은 풍요로움을 얻게 된다.

영혼이 받아들이는 비추심은 하느님 자신이 아니고, 그분의 선하심과 지혜의 작용일 뿐이다. 그렇기 때문에 영혼은 여기에 주로 몰두해서는 안된다. 그리고 만일 하느님이 이와 같은 것들을 거두어 가셔서 어두운 내적 고통의 상태에 이르게 되었으면 그것 때문에 불행하게 여겨서는 안된다. 왜냐하면 이때도 하느님이 영혼 안에 그리고 영혼이 하느님 안에 있기 때문이다. 그러나 커다란 은총의 작용과 깨달음을 누린다고 해서 영혼은 자신이 특은을 받았다고 간주해서도 안된다. 영혼은 하느님 외에는 아무 것도 소중히 여겨서는 안된다.

영혼이 아무리 완전하다 하더라도 언제나 이러한 높은 기도의 단계에 올림받게 되지는 않는다. 어떤 때는 더 많이 또 어떤 때는 더 적게 하느님의 마음에 드시는 대로이다. 어느 경우든 영혼에게는 마찬가지여야 한다. 올라가든지 내려가든지 성령께서 영혼을 인도하시는 대로 내맡기고 모든 선에 대해서 자신은 부당하다고 생각해야 한다. 무엇보다 영혼은 높은 관상의 은총을 강요하거나 자신의 노력으로 얻으려고 하는 데에 특별히 조심해야 한다. 세상과 자신에게서 온전히 죽기 위하여 기도 시간의 종소리가 울리면, 즉시 모든 일을 끊어버리고 기도드리는 길로 향해야 한다.

이렇게 주님의 길을 따르는 데 성실하고 가난한 가운데 고독을 사랑하는 마음을 짝지우듯 동시에 가져야 한다. 아, 나는 세상 일에 얼마나 피곤해졌는지! 여기에 몰두하는 것이 나를 얼마나 억압하고 있는지! 순수한 기도와 완덕 안에 살기 위하여 언제쯤 나는 그것들에서 이탈할 수가 있을까? 언제쯤 나는 내 자신과 하느님에게서 멀어지게 하는 모든 일들에서 초월할 수가 있을까? 하느님과 예수님과 더불어서만 살기 위하여 모든 피조물에서 멀어져야 하는 내 성소에 왜 나는 성실하지 못한지! 하느님을 소유하기 위하여 나는 모든 것을 포기해야 되지 않을까!

《나의 하느님, 내가 가난과 멸시와 십자가와 죽음을 즐겨 선택하고, 이로써 완덕에 나아가며 온전히 당신의 소유가 되도록 당신의 영으로 나를 강하게 해 주소서!》

8. 거룩한 내적 고요 중에 자신을 드러내시는 하느님

영혼이 가장 은밀하고 친밀한 하느님과의 결합을 즐기는 거룩하고도 복된 내적 고요로 이르는 데 세 종류의 쓰라린 죽음의 단계를 거쳐야 한다.

첫째로, 모든 감각적인 사물이 싫어지고, 또 그것이 오로지 십자가일 뿐이려면 먼저 영혼은 감각적 즐거움에서 죽어야 한다. 영혼이 감각적 즐거움을 누릴 동안 그는 자신을 하느님께로 들어올릴 수가 없다. 이 길은 어렵다. 첫 걸음에서 대부분의 사람들은 극복하지만 그후에는 이내 중단하고 만다.

두 번째로, 죽음으로 영혼은 내적 감각의 분명한 느낌과 깨달음까지도 버려야 하는데 이 큰 어려움을 극복하기 위해서는 하느님의 특별한 도움과 은혜로운 감화가 꼭 필요하다. 그렇지 못할 때 영혼은 영영 용기를 잃어버리게 될 것이다.

세 번째로, 가장 어렵고 힘든 단계는, 영혼이 자신의 정신력의 활동, 즉 기억과 이해와 의지를 죽음으로 이끌어야 하는 것이다. 그 스스로는 그것을 절대로 하지 않겠지만, 자신의 깨달음과 느낌과 좋은 의지를 키워줄 수 있는 모든 영양분과 도움을 거두어 가심으로써 하느님은 영혼을 어두움으로 인도하신다. 이때에는 다음과 같은 많은 유혹이 있을 수가 있다.

예를 들어 시간 낭비라든가 게으름을 피운다든가…가끔 영혼은 이러한 유혹으로 고통을 받는다. 영성 지도자들이 그에게 도움을 주려 하지만 그들 자신이 이러한 길을 걷지 않았기 때문에 이것을 파악할 수도 없고 더욱 시인해 주지도 않는다. 이러한 과

정의 어려움에 있어서 영혼을 견고하게 하고 격려해 주는 지도자를 만나게 되는 영혼은 복되리라! 이런 영적 지도를 받지 못하는 영혼은 하느님의 특별한 은총없이는 거룩한 고요함에 도달하기 어렵다.

이렇게 자기 자신 안에서 벗어나고 모든 감각과 이성을 초월하게 되면, 영혼은 자기 안에 계시는 하느님의 현존을 체험하고 단순한 신앙의 빛 안에서 그분을 바라보기 위해 거룩한 고요함으로 들어간다. 이 빛을 통해 영혼은 신앙의 빛과 영광의 빛 사이의 중간물로 보이는 다른 빛에로 인도된다. 말하자면 이 빛은 신앙의 확신과 영광의 분명함에 대한 무엇인가를 주고 있다. 이러한 놀라운 빛을 하느님께서는 누구에게 계시해 주시겠는가? 성서구절을 들어보자. "어둠 속을 헤매는 백성이 큰 빛을 볼 것입니다. 캄캄한 땅에 사는 사람들에게 빛이 비쳐올 것입니다"(이사야 9:1). 그러면 이 빛은 과연 무엇인가? 이 빛은 바로 사도 바울로가 자기에게 나타나셨다고 이야기하는 (갈라디아 1:16) 의인의 영혼 안에 새로이 형성되는 예수 그리스도 그분이시다.

이 거룩한 고요함 속에서 영혼 안에 계시는 하느님께서는, 화가가 화필을 가지고 그가 원하는 그림을 그리는 것처럼 작용하신다. 처음에는 하느님께서 영혼을 마치 감금하시고 손발을 묶으시는 것처럼 모든 정신력을 흐리게 만든다. 영혼은 자신에게서 의지할 만한 곳이 아무 것도 없다. 영혼은 하느님 안에서 완전히 소멸되어 버렸고, 그분의 발 아래 인내심과 겸손을 가지고 고요히 엎드린다. 그러면 언젠가 하느님께서 당신 자신을 숨어계시고 고독한 분으로서 드러내실 것이다. 영혼은 그분의 현존을 깨달으면 상전을 우러러보는 하인처럼 (시편 122:2) 경외심으로 가득차게 된다.

일반적으로 영혼은 이러저러한 특별한 일을 원하거나 착수할 능력이 없는 상태에 처하여 다만 하느님께서 그에게 원하시는 것을 행할 준비가 되어 있는 것뿐이다. 또 자신을 온통 차지하시고 당신으로 취하게 하는 하느님의 충만하심을 느껴 오관까지 그 감미로움을 맛볼 수 있게 되고, 모든 것에서 벗어난 영혼은 항구히 하느님께 자기 희생의 제물을 드리게 된다. 또 다른 때 영혼은 대단히 훌륭하게 보이는 모든 것에 흥미를 잃게 되고 거룩한 사랑과 최고 선의 기쁨에 완전히 사로잡히는 것을 본다.

이성의 사고력과 깨달음은 이런 경우 아무 쓸모도 없다. 하느님께서는 오히려 영혼 안에 빠른 변화를 일으켜 주는 갑작스런 계시나 감명을 보내 주신다. 그래서 그 스스로는 그런 갑작스런 변화를 일으킬 시간이 없고 변화가 일어난 후에나 그 사실을 느낄 뿐이다. 영혼이 의혹이나 혼란한 상태에 있거나 그의 나약함으로 인해 기가 꺾여져 있을 때, 하느님 친히 그를 안정시키고, 가르치고, 일으키시고 필요하다면 함께 계시기 위해 하느님께서는 영혼에게 자신을 드러내 보이신다. 영혼은 하느님께서 나누어 주시는 것을 받아들이기 위하여 수동적 자세를 취하는 것 외에는 아무 것도 할 것이 없다. 그것은 활동이든지 아니면 안식일 것이다. 그는 오직 책임을 단순하고 겸손하게 성실히 수행해야 할 뿐이다. 무엇보다도 오관의 산만함으로 인한 분심과 허영에 찬 생각으로 이성이 빗나감을 피해야 한다. 또한 의무를 수행하는데 있어서 내적·외적인 조바심도 피해야 한다.

무(無)가 된 사람은 하느님께서 원하시는 대로 무엇에나 준비되어 있다. 한 인간이 죄에 빠지기 쉬운 애착에서 해방되었다면, 그는 진실로 아무 것도 아닌 "무"이지만 참으로 행복한 사람이다. "무"인 그는 아무 것도 원하지 않고, 아무 것도 선택하지 않고, 아무 것도 거절하지 않는다. 하느님께서는 그분의 생각대로 처리하신다. 그리고 "무"는 그분의 신적인 활동에 완전히 순명한다. 그러나 영혼은 큰 투쟁과 끊임없는 죽음과 오랫동안의 고통없이는 여기에 이르지 못한다. 하지만 한 순간이라도 하느님을 즐기기 위하여, 온 세상의 모든 십자가를 세상이 마치는 날까지 지는 것도 가치가 있는 일이다.

내적 고요함의 상태를 위하여서 우리는 어떠한 규정도 줄 수가 없다. 어떠한 규정도 없는 것이 여기의 규칙이다. 때로는 영혼이 고통을 받고 때로는 이러저러한 방법으로 활동한다. 그는 기다리며, 하느님이 그에게 주시는 것을 순박하게 받아들인다.

내가 그분과 완전하게 결합하기 위하여 내 영혼 스스로의 활동을 저버려야 한다는 것을 하느님께서는 나로 하여금 깨닫게 해 주신다. 이렇게 그분은 나의 전부가 되시고 나의 영을 다스리시고, 완전히 소유하시고 또한 성인들처럼 나는 자신을 떠나서 하느님 안에서 하느님과 그의 영을 위하여서만 살게 된다.

포기된 영혼은 성령만이 자신을 소유하게 하고, 스스로의 활동에서 벗어나 그분께 나아가야 한다. 이렇게 하여 영혼 안에서 하느님은 주님이시요 스승이 되시어 영혼이 그분처럼 모든 것을 행하고, 모든 것을 보고, 사랑하고, 즐기게 하신다. 하느님과의 합일에로 뽑힌 영혼은 바로 이것을 위하여 노력하며, 끊임없이 갈망한다. 이 높고 복된 선에로 향한 시선이 영혼을 강하게 만들고 본성과 정신적인 고통을 온순하고 기쁜 마음으로 견디어내게 한다. 하느님께서 특별한 은총과 자비로 앞서 오시지 않는다면, 어떠한 영혼도 홀로 거기에 이르지 못할 것이다.

9. 이 세상에서 가장 큰 행복은 하느님의 현존을 느끼고 그분과 하나되는 것이다

하느님을 우리 앞에 모시는 것은 얼마나 복된 일인가! 하느님의 현존하심을 느끼는 것은 세상의 모든 기쁨을 능가하는 것이다. 만일 한 영혼이 끊임없이 하느님의 현존 속에 있게 되면 그에게서 모든 피조물이 사라진다.

한 영혼이 하느님의 현존을 체험한다면 어떤 일이 그 안에 일어나는지 나는 모른다. 그러나 그에게 이 체험이 가장 고귀한 기쁨과 비할 데 없는 즐거움을 준다는 것은 안다. 만일 그가 그것을 생각하지 않았기 때문에 하느님의 현존을 잊어버리고 그로 인해 하느님의 현존을 누리지 못한다면 매우 슬퍼할 것이다.

네가 모든 것을 소유했다 하더라도 하느님의 현존을 누리지 못한다면 너는 아무 것도 소유하지 않은 것이다. 주님! 만일 우리가 당신을 한번 소유하게 된다면 당신 외에 또 누구를 갖고 싶어할 수 있겠습니까?

나는 내 안에 하느님께서 거처하심(묵시록 21:3)을 분명히 깨달을 때가 있었다. 나는 천주성이 한없이 광채를 지닌 아름다운 태양으로서 내 마음 깊은 곳에 자리하고 있으며, 하느님은 특별한 방법으로 내가 이것을 깨닫고 사랑하기를 원하신다는 것을 알았다. 하느님은 내 밖에, 내 주위에, 그리고 어디에나 계시지만(사도행전 17:27), 내 마음 깊은 곳과 마음 가운데 계신다는 것은 또 다른 의미이다. 내 영혼아, 하느님께서 네 안에 계시다는 것은 얼마나 큰 풍요로움이며 얼마나 큰 행복이냐! 너는 너의 안식과 지복을 네 안에서 발견할 수 있다. 너, 성실하지 못한 자야, 어찌하여 너는 아직도 피조물에게 눈길을 돌리느냐?

네 영혼의 심연 속에 계시는 너의 중심인 하느님 안에 숨어라! 그 곳에서 그분께서는 고요 가운데 당신 자신으로 너를 기르신다(요한 6:57). 그러니 모든 피조물을 떠나 네 안에 거하시는 하느님 안에 살면서, 그분과 더불어 진정으로, 허물없이 이야기하여라. "나의 하느님, 나의 창조주시여, 나의 보화, 나의 최상선이시여! 내가 당신 안에 머물러 있도록 당신은 내 안에 계시나이다." "누구든지 나에게서 떠나지 않고 내가 그와 함께 있으면 그는 많은 열매를 맺는다"(요한 15:5).

네가 기도하고 싶으면 너 안의 가장 깊숙한 곳으로 들어가거라! 하느님께서는 바로 그곳에서 너를 만나 사랑받고 싶어하신다. 이것이야말로 그분께서 왜 당신 거처를 네 영혼 안에 마련하시려고 하는지 주목적이 된다. 영혼이 그분을 사랑하고 통찰할 수 있는 능력을 갖도록 그분은 영혼을 창조하셨다.

오, 놀랍고도 훌륭한 하느님의 내재(內在)하심이여! 너를 아는 자 얼마나 적은지! 얼마나 대수롭지 않게 지나쳐 버리는지! 그러나 네 안에 인간의 완전한 행복이 놓여 있도다. 영혼이 자기 안에 지니고 있는 이 신적 태양을 이처럼 대수롭지 않게 보는 것은 무슨 까닭일까? 그가 너무 외적인 일에 몰두하고, 원죄의 벌로 억압받았고, 피조물에게 향하는 사랑 때문이다. 이 혼란에서 은총이 영혼에게 하느님의 빛의 광채를 받게 하고 다시 원상태로 돌려 보내 준다.

하느님의 내재하심으로 영혼은 깨어나고, 비추임을 받고, 하느님의 아름다움에 젖어들어 사랑 안에서 불타게 된다.

마음의 가장 깊숙한 궁방에서 하느님께서는 감추셨으나, 본질적이고 열렬한 친교를 영혼과 나누심으로써 가장 고귀한 은총을 분배하신다. 이 사귐은 이루 말할 수 없는 것이며, 그것을 체험하지 못한 사람들은 전혀 믿을 수가 없는 것이다. 이러한 은총을 받은 사람들의 기도와 생활태도는 하느님의 현존 안에서 드리는 기도 밖에서도 대단히 숭고하고, 열렬하며, 영적이고 순결하며 단순하다. 영혼은 감각의 소음으로부터 초월하고, 그의 사랑하는 이와의 결합으로 인해 모든 사물에서 자유로워졌기 때문에 상상력이 그를 더 이상 산란하게 하지 않는다.

여기서 영혼은 부패된 본성에 대항하여 고통받고, 모든 사악한 것에서 죽기 위하여 비밀히, 그러나 단단한 결심을 세우고 하느님의 도움을 구한다. 이리하여 영혼은 모든 궁핍과 배척과 멸시를 감싸안고 고통 중에 기뻐하는 법을 (로마서 5 : 3) 배운다. 본성은 더 이상 영혼을 조용히 두지 않으나 세상은 영혼의 발 아래 놓이게 된다. 순수한 사랑에로 들어가기 위해 하느님과 영혼 사이에는 계약이 맺어지고, 사랑하는 이는 끊임없이 재촉하면서 영혼은 이 순수한 사랑을 떠나서는 더 이상 살 수가 없다. 모든 불순한 것은 그에게 더 이상 견디어낼 수 없는 것이다. 그러나 영혼은 어떠한 죽음의 투쟁에 자신을 내맡겨 버리는지? 왜냐하면 순결한 사랑은 참으로 많은 것을 요구하기 때문이다. 그는 본성에 저항하여 엄격해야 하고, 하느님이 아닌 모든 것에서 벗어나고 떠나야 함을 요구하고, 멸시와 배척과 하느님의 위로의 결핍에 대한 영적 목마름도 받아들여야 함을 알게 해 준다. 간단히 말해서 순결한 사랑을 선택한 사람은, 위로없는 고통과 모든 피조물에 대한 가난과 멸시를 선택한다. 그러나 마음의 깊숙한 궁방에 현존하시는 하느님을 보고 누리는 영혼에게는 이 모든 것이 감미롭다.

오랫동안 깨닫지 못하고, 잊어버렸던 하느님을 발견하는 것은 얼마나 큰 은총인지! 영혼은 이 은총을 빼앗기기보다는 차라리 모든 것을 잃어버리고 싶어하며, 아우구스티노 성인과 더불어 다음과 같이 말하게 된다. "늦게야 나는 당신을 사랑했습니다. 오, 너 낡고 또 새로운 아름다움이여! 늦게야 나는 당신을 사랑하였습니다. 당신은 내 안에 계셨고, 나는 당신과 더불어 있었습니다." 그리고 야곱과 함께 다음과 같이 말하리라. "참말 야훼께서 여기 계셨는데도 내가 모르고 있었구나. 이 얼마나 거룩한 곳인가. 여기가 바로 하느님의 집이요, 하늘 문이로구나"(창세기 28 : 16-17).

이제부터 나는 어떻게 하느님과 결합하여 살 수 있는지를 생각하는 것 외에 아무 것도 더 이상 다른 것을 알고 싶지가 않다. 하느님 홀로 나를 지금 완전히 사로잡았다. 그분은 자신을 나에게 조금 보이시고 매우 사랑스럽고, 강하고, 달콤한 끈으로 나를 그분께로 묶어 놓으셨는데, 내 자신을 떠나서 자유롭게 활동하기 위하여, 나는 이 끈을 풀 수가 없다. 나는 님의 것(아가 2 : 16) 더 이상 나의 소유가 아니다. 나를 완전히 그분께로 몰두하게 하고 내가 더 이상 달아날 수 없도록 이처럼 사랑스러운 현존 안에 감금해 주시는 하느님을 나는 더 이상 떠날 수가 없다.

만일 내가 은총으로 인해 하느님이 나의 감옥이시라는 것을 깨닫게 된다면, 나는 이 갇힌 상태를 사랑하지 않고서는 아무 것도 할 수 없다. 이 상태를 떠나서 나에게는 모든 것이 고통이요 괴로움이다. 내가 세상에게로 다시 돌아가야 한다면, 얼마나 쓰라린 궁핍이며 심한 보속이겠는가? 만일 세상 사람들이 오롯이 하느님을 위하여 그리고 하느님 안에서의 순결하고 아름다운 향락을 조금이라도 깨닫는다면, 그들은 한 순간도 더 오래 그들의 거짓된 쾌락에 머물러 있지 않으리라는 것을 나는 의심하지 않는다. "주여 이 몸 숨겨 주시는 바위여… 나의 산성이시여"(시편 17 : 3)라고 내 자신에게 말하는 것은 나의 커다란 기쁨이다.

영혼은 가난하고 초라한 피조물의 오두막집에서 편안히 쉴 수가 없을 것이다. 영혼은 피조물의 오두막보다 훨씬 크기 때문에 좁은 동굴이나 구석진 곳에서처럼, 그 곳에서 눌리고 고통받게 될 것이다. 영혼은 넓은 곳으로 나아가 하느님의 아름다움과 완전하심을 바라봄으로 만족하기 위하여, 천주성의 한량없이 아름답고 넓은 궁전의 문을 통해 들어가야 한다. 이 문은 언제나, 그리고 어디에나 영혼을 위하여 열려져 있다. 그는 어디서나 마음을 들어올려 하느님 안에서 거처할 수 있기 때문에 그에게 있어서 장소와 거주지는 중요하지 않다.

그래서 끊임없이 하느님 안에서만 거처하기를 원하는 영혼은 예수 그리스도의 거룩한 인성을 떠나서는 안된다. 그는 예수님의 천주성과 인성에 머문다. 아버지는 완전히 아드님 안에 계시고 또 아드님은 완전히 아버지 안에 계시기 때문에, 아버지를 보는 사람은 아드님도 보게 된다(요한 14 : 9 참조). 그리하여 천주성은 인성 안에 있고, 인성은 천주성 안에 있다. 똑같이 놀랍도록 위대하며 아름다운 두 개의 궁전이다. 그리고 영혼이 때때로 이 곳에서 저 곳으로 가더라도, 만일 그가 다른 곳으로 들어간다면, 그는 한 곳에서 나오는 것이 아니다. 왜냐하면 그는 항상 다른 곳에서 그 한 곳을 발견하기 때문이다. 만일 그가 인성과 천주성의 완전한 일치를 관상하게 되면, 때때로 그는 양쪽에서 동시에 묵게 된다.

하느님 안에서 달콤한 기쁨과 평화로운 느낌은 이루 다 표현할 수가 없다. 아, 이처럼 가련한 죄인을 이렇게도 많은 사랑으로 다루시는 내 하느님의 크오심과 자비하심을 내가 모든 피조물들에게 알릴 수만 있다면! 이제야말로 나는 나의 지난 생애의 범한 죄들을 올바르게 깨닫는다. 내가 전혀 완전한 선을 행하지 않았음도. 그러나 이 깨달음은 나의 고요함을 방해하지 않고 나를 내 하느님의 복된 거처에서 추방하지 않는다.

만일 우리가 여기에서 주님이 얼마나 좋으신지 보고 맛들이게 된다면(시편 33 : 9), 나의 하느님이시여! 만일 당신이 당신의 벗들을 당신집 기름기로 그들을 흐뭇하게 하고 당신 진미의 강물을 마시우게 하시면(시편 35 : 9) 어떠리이까. "눈으로 본 적이 없고 귀로 들은 적이 없으며 아무도 상상조차 하지 못한 일을 하느님께서는 당신을 사랑하는 사람들을 위하여 마련해 주셨다(Ⅰ고린토 2 : 9).

아, 하느님밖에는 다른 고향이 없다는 것을 깨닫지 못하는 인간들은 얼마나 어리석은지! 너희들 배은망덕한 피조물들아, 너희는 어디를 향하여 가고 있느냐? 나는 나의 고향으로 가고 있다. 오, 나의 고향은 얼마나 크고, 얼마나 아름답고 찬란하며 영원하고 인간의 이해를 초월하는 곳인지!

하느님, 당신이 나의 고향이시라는 것이 가능한 일입니까? 아, 왜 우리는 끊임없이 낯설고 가련한 이곳에 살면서 피조물의 혼잡함에서 나와, 우리의 고향으로 들어가기 위해 서두르지 않는지?

영원한 나의 몫이요 내 마음의 바위이신 주님! (시편 72 : 26) 하늘과 땅에서 당신 외에 내가 무엇을 갈망할 수 있으리오?

제 4 권

영성체에 대하여

1. 영성체의 준비

 영성체를 자주 하는 사람의 전 생애는 이 거룩한 기쁨을 누리기 위한 끊임없는 준비여야 한다. 그러므로 그는 모든 생각 말 행위가 거룩한 은총으로 가득하게 되도록 노력함으로서 성체를 정성스럽게 모실 수 있도록 준비할 것이며 그의 생애는 부단한 기도와 거룩하고 착한 행실로 꾸며져야 하는 것이 마땅하다.

 우리가 이 성사에서 영하는 것이 빵인 것처럼, 역시 우리의 생애도 빵이 되어야 한다. 자연적인 빵은 생명을 유지하는 반면에 은총의 빵은 거룩하고 신성한 인간적인 생명을 초월하는 은총의 생명을 나누어 준다. 세상 사람들은 이 삶을 알지도 못하고 찾지도 않는다. 또 자신과 자기 판단에서 떠나지 않으려는 이는, 모든이에게 당신 자신을 알리고자 하시고 그들의 생명이 되어 주고자 하시는 그리스도께 자신을 봉헌하지 않으며 이 삶의 가치도 모른다.

 가장 좋은 준비는 우리가 받아 모시는 그분에 의해, 그분을 통해 사는 것이다. "나를 먹는 사람은 나의 힘으로 살 것이다"(요한 6:57).

 《주여, 당신은 우리와 함께 있는 것을 즐거워하시니(잠언 8:31) 우리 또한 당신과 함께 있을 때 즐거워하나이다. 당신이 우리 안에서 더 많은 기쁨을 누리시며, 머무르실 수 있도록 우리가 당신 안에서 살고, 당신의 가난과 겸손을 닮는 것이 우리의 기쁨이 되어야 할 것입니다.

당신 안에서 유일한 기쁨을 찾는 영혼 안에 머무시는 것이 당신의 기쁨이라는 것을 내가 만일 확신하지 못한다면, "너희가 사람의 아들의 살과 피를 먹고 마시지 않으면 너희 안에 생명을 간직하지 못할 것이다"(요한 6 : 53)라고 당신이 말씀하신 것을 내가 만일 모른다면 벌받아야 마땅한 내 처지를 잘 아는 나는 두려워져서 성체를 영할 수 없을 것입니다.》

태양이 캄캄한 감옥 안을 비추고 있어도 그의 아름다움과 광채를 잃지 않고 본래의 빛과 광채를 발한다는 생각이 만일 나를 위로해 주지 않는다면 모든 죄와 악습의 어두움 속에 자리하셔야 하는 예수님을 보기가 너무 괴로워 나는 도저히 그분께 나아갈 수 없을 것이다.

예수 그리스도께서는 이 거룩한 신비 안에 감추인 채 생활한 **샘과** 열렬한 신적 생명의 원천인 당신을 우리의 오관이 느낄 수 **없는** 방법으로 우리에게 내어 주신다. 또한 은총의 생명, 관상과 끊임없는 당신 현존의 보증으로 거룩한 빵을 통하여 우리에게 오신다.

성체로 인한 은총의 삶이여! 네 아름다움과 품위는 말로는 이루 다 표현할 수 없도다. 너는 인간이 하느님 안에서 하느님에 의해서 살도록, 그를 지상에서 천국으로 들어올리니 사람은 아직 지상에 있으면서 하늘에 있는 복된 자들과 더불어 하나이고, 동일한 샘에서 참생명을 퍼낼 수 있게 하는구나. 겉으로는 가난하게 보이나 사실 어느 누가 너보다 더 부유하리오? 너를 떠나서 한순간도 나는 더 이상 살 수가 없다. 너는 나를 신적 생명에로 들어올려 주며, 내 영혼은 하느님의 마음 속으로, 그리고 하느님을 내 마음 속으로 옮겨 주는구나.

이 삶의 아름다움이 영혼에게 드러나자마자, 그는 그것을 붙잡기 위하여 모든 것을 바친다. 그는 다른 모든 것을 먼지와 티끌처럼 여기고, 세상의 부귀영화를 버린다. 그는 이 신적 생명을 저해하는 모든 것을 하나도 남김없이 자기 안에서 소멸시키려 한다. 이와 반대로 이 생명을 기르고 보존하는 음식에 대한 거룩한 갈망을 느낀다.

《오, 하느님! 내가 이 은총의 삶을 완전히 깨닫고 진정으로 그에 따라 살 수만 있다면! 당신은 영원히 목마르지 않는 생명수의 원천입니다. 그러나 세상은 당신을 알아 보지 못하고(요한 1:10) 아무도 당신을 그리워하지 않습니다.

인간이 무엇이기에 아니 잊으시나이까? (시편 8:5) 당신은 그를 따뜻이 돌보시고 당신의 기쁨은 그 안에 개인적으로 거처하는 것입니다. 당신은 그의 영혼을 허무에서 해방시키십니다. 그의 육신은 한낱 먼지와 흙에 불과한데, 당신은 황송하게도 그를 돌보시려 하십니까? 이처럼 초라하고 볼품없는 육적인 피조물이 어떻게 한없이 엄위하신 하느님을 영할 수가 있겠습니까? 내 영혼아, 허무의 밑바닥까지 네 자신을 낮추어라! 너의 부당함을 고백하여라. 그러나 파악할 수 없는 신비 속에 자신을 이처럼 깊이 낮추시고, 미천한 너를 찾아오시고 또 너에게 당신 자신을 알리려고 하시는 한없이 크신 그분의 인자하심에 대해 더 큰 경이와 감사와 사랑으로 충만하여져라.

임금이시고 주님이신 분이 이 성사 안에서 당신을 인간의 종이요 포로와 같이 만드시어 당신을 온전히 내어 주신다. 또 그분은 인간을 대속하여 제물이 되셔서 고통받으시고 죽으심으로 흘리신 피의 대가와 공로를 인간에게 나누어 주신다. 사랑의 포로가 되신 주님이시어 내 마음을 붙드시어 다시는 본성적인 자유를 좇지 않고, 부패하고 그릇된 것이 완전히 파괴되어 없어지게 하소서. 하느님 안의 삶 외에는 다른 어떤 삶도 알지 못하도록 내 마음을 붙잡아 주십시오! 하느님의 자녀들이 누리는 자유를 제외하고는 어떠한 다른 자유도 더 이상 누리지 않게 해 주십시오.》

우리는 성체를 모실 때마다 완전히 예수님 안에 살고 우리의 일거수 일투족을 예수님처럼 거룩하게 해야 하는 새로운 빚을 지게 된다. 예수 그리스도께서 성체 안에서 완전히 우리에게 봉헌되기 때문이다. "나는 영성체 준비를 위한 시간이 없었다"라고 열심한 영혼은 말해서는 안된다. 왜냐하면 우리의 일거수 일투족이 이 생명의 빵을 모으기 위한 준비여야 하고 우리의 생활 전부가 끊임없이 예수님의 삶과 이 거룩한 성체 안에 숨어 계신 그 모습으로 변해가야 하기 때문이다. 다시 말해서 밀떡의 형상으로 숨어 계시는 예수님처럼 오직 하느님 안에 숨어서 사랑과 희생의 생활을 하는 것이 영성체의 준비이다.

가장 좋은 영성체 전 기도는 거룩한 성사 안에 숨어 계신 그분을 깊은 존경과 사랑으로 묵상하고 은총과 자비의 샘이신 하느님을 믿고 소박하게 관상하는 데 있다. 그분은 어떤 예외도 없이 모든이에게 당신 자신과 당신의 재보(財寶)를 주시려고 구원과 축복을 충만히 베푸시는 분이며 우리가 당신의 뜻을 이루고자 할 때 도움이 되어 주시기 위해 기적이라도 행하시려고 언제나 우리 곁에 계시며 당신을 이용하게 하신다.

이 단순한 믿음의 행위가 그 밖에 모든 것들을 포함하고, 또한 가장 좋은 수련이다.

하느님을 믿음과 사랑으로 소유한 사람은 모든 것을 소유한 사람이며 영혼의 안식을 누리는 사람이다. 묵상이나 열렬한 덕행 등 다른 모든 수련은 하느님께로 인도되는 한 방법에 불과하다. 그러나 그분을 벌써 발견한 사람은 그분으로 만족해야 하며 그분 안에서 안식을 누려야 한다.

2. 영성체 때 가져야 할 내적 자세

예수께서는 자주 나에게 영성체 때에 그분이 누구이신지, 그리고 내가 그분과 얼마나 열렬하게 결합해야 하는지 분명하게 보여 주셨다. 매순간 나는 그분 자신과 그분의 삶을 통해 살아야 한다. 영혼이 육신을 움직이고 그의 모든 행동의 원동력이 되는 것처럼, 성령께서 내 영혼에게 생기를 불어넣으시고 모든 행위의 근본 원인이 되셔야 한다. 영혼이 하느님의 마음을 상해 드리지 않는다고 해도 본성적인 생활만으로는 하느님의 마음에 들 수가 없다. 사랑은 영혼에게 사랑하는 이의 마음에 들기 위해 전심을 다하는 데 있어서 한순간도 지체하는 것을 절대로 허용하지 않는다. 《오, 예수님! 나의 영혼을 온전히 차지하십시오! 내가 온전히 당신의 것이 되게 하시고 당신의 은총으로가 아니라면 그 어떠한 감정도 갖지 않게 해 주십시오! 나의 삶이 당신과 피조물 사이에서 더 이상 나눔없이, 생애의 모든 순간을 당신의 거룩한 사랑에 봉헌하고 몰두하고 싶은 것이 내 영혼의 큰 소망입니다.》

《오, 예수님! 모든 처지에서 내 자신을 초월하고, 이 고귀한 길로 나아가는 삶에서 항구하기 위해 더욱 큰 은총을 저는 필요로 합니다. 당신의 전능하심은 나의 무력함 속에서, 당신의 자비하심은 나의 가련함 속에서 찬미받으시기를!》 예수님께서 이처럼 신비스런 형체 안에 숨어서 나의 입을 통해 내게 오실 때 나는 그분께 나의 전 존재를 바친다.[7] 그리고 나의 모든 정신력과 활동은 그분의 높으심을 찬양하는 것이다. 그러면 나는 아주 없어지고 고통 중에서도 고요히 예수님 앞에 머물러 있으면서 그분이 내 안에서 활동하시도록 나를 내어드리게 된다. 즉 예수님은 내 안에서 성부께 사랑과 흠숭, 찬미를 드리실 수 있게 된다. 이렇게 나는 그분의 신적 생명에 들어감으로써 나 자신과 세속으로부터는 죽게 되는 것이다.

또 어느 때에는 나의 이성으로 그리스도의 말씀을 상기해 본다. "아버지, 이 사람들이 모두 하나가 되게 하여 주십시오. 아버지께서 내 안에 계시고 내가 아버지 안에 있는 것과 같이 이 사람들도 우리들 안에 있게 하여 주십시오"(요한 17:21). 하느님과의 완전한 결합은 잦은 영성체에 기초를 두어야 하고 또 이 결합을 통해서만 활동해야 함을 나는 여기서 깨닫게 된다. 우리가 아주 작은 불충실로도 이 결합에서 빗나가게 된다면, 우리는 하느님의 마음을 슬프게 해드리는 것이 된다. 왜냐하면 오직 우리 안에서 활동하시기 위하여 우리에게 오시는 데, 피조물인

주 7) 우리는 이때 성 루이 마리 그리뇽 드 몽폴의 권유대로 성모님을 통하여 가장 안전하고 완전하게 우리를 예수님께 봉헌할 수 있다. 영성체 후에는 눈을 감고 예수님을 성모 마리아의 마음·안으로 모셔들이도록 하여, 예수 그리스도를 당신의 어머니 마리아에게 맡겨 버려라. 그러면 마리아는 그분을 충만한 사랑으로 맞아들이고 그분께 맞갖은 자리를 마련해 주고 그를 정성되이 흠숭하며 완전하게 사랑하고 품에 안을 것이고 우리가 상상할 수도 없는 많은 정성과 심혈을 기울여서 공경하고 섬길 것이다.

우리가 그분을 멸시하고, 무관심하고, 그분께 등진 것을 보시기 때문이다. 완전한 일치는 가능한 대로 계속적으로 우리 마음이 그분과 결합하여 있고, 사랑 안에서 하나 되어 모든 생각과 지향, 원의를 갖고자 한다.

《인자하신 예수님, 나는 가끔 당신 자신을 우리에게 알리시고 우리를 당신과의 완전한 결합에로 이끄시려는 하느님의 열망을 마음뿌듯이 느끼며 바라봅니다. 이 때 저는 우리 인간에 대한 당신 사랑의 기적들을 많이 발견합니다. 또 당신은 우리가 불리움받은 그 지복의 아름다움과 우리에게 주어질 고귀한 직분과 몫을 보여 주십니다.》

영혼이 피조물로부터 자유로워질수록 그는 더 완전히 하느님과의 일치 가운데 있을 수가 있다. 그렇기 때문에 우리가 인간으로부터 사랑을 덜 받게 되는 것을 큰 행복으로 여겨야 한다. 왜냐하면 이들은 이렇게 함으로써 우리의 행복을 촉진시키기 때문이다. 십자가와 순결한 사랑과 합일, 하느님만이 우리를 은총으로 인도하는 계단이고 이를 위하여 우리는 성실해야 한다.

3. 영성체 후에 드리는 감사기도

영성체 후에 감사의 기도를 충실히 잘 드리는 것은 우리 안에 거처를 정하시고 가장 존귀하신 주인과 지배자로서 우리를 다스리시고 명령하셔야 할 예수 그리스도의 권능과 위력에 자신을 남김없이 맡겨드리는 것이 된다.[8] 그분이 영혼을 자기에게로 가까이

주 8) 여기서 다시 강조하고 싶은 것은, 가장 완전하고 안전한 방법은 성 루이 마리 그리뇽 드 몽폴의 충고대로 성모님을 통하여 하는 것이다.

이끄시어 영혼과 더불어 담화하시고, 하느님의 현존에 대한 행복한 느낌을 주시어 영혼을 자신과 일치시키려고 하신다면, 그분과의 합일 상태에 머무는 데 있어서 우리측에서의 협조없이 된다고 믿어서는 안된다. 오히려 우리는 그분께서 요구하는 모든 것을 해야 한다. 우리는 그분과 더불어 가장 큰 은총의 작업, 즉 하느님과 영혼의 결합이라는 작업에 임해야 한다. 합일의 상태는 여러 양상이지만 대개 영혼의 안식을 누리는 것이다. 영혼의 안식은 영혼 전체를 지배하기도 하고 영혼의 한 부분만을, 혹은 의지의 한 부분만일 수도 있다. 영혼이 성실하면 할수록 이 결합은 거의 중단되지 않는다. 왜냐하면 영혼의 다른 부분에 있을 수 있는 불안감이나 상상력을 통한 분심은 이 안식을 방해할 수는 있지만 파괴하지는 못하기 때문이다.

격렬한 욕정과 소심한 걱정과 정신적인 혼란과 육적인 쾌락들로 인해 이 결합은 대부분 약해지고 질식하기도 한다. 그래서 우리는 이러한 모든 것에서 죽어야 하고, 자신을 끊임없이 포기해야 한다. 예수님께서 영성체로 영혼 안에 들어오시면 때때로 그분께서는 우리가 원하는 결합을 느끼지 못하게 하신다. 이것은 영혼의 성실하지 못함을 벌하시는 것도 되고, 혹은 우리를 이웃 사랑의 외적 봉사에로 사용하시려는 것이기도 하다. 영혼은 이것을 감수해야 하며, 이 세상에서 가장 좋은 것, 즉 하느님에 맛들임을 희생해야 한다. 이러한 방법으로 당신께서 영혼들에게서 존경받는 것을 하느님은 한없이 만족하신다. 자신을 더욱 더 순수하게 하느님께 맡겨드리고, 홀로 그분 외에는 아무 것도 집착하지 않기 위해 하느님의 감미로운 위로를 희생하면 영혼은 가장 큰 순결에로 올려진다.

온 세상에 숨겨져 있고 하느님께만 알려진 사람의 가장 고귀한 활동이 마음의 가장 깊숙한 곳에서 이루어진다는 것은 얼마나 온전한 진리인가! 더우기 이 하느님과의 내적 친교는 인간의 감각과 이성이 도달할 수 없으므로 오랜 체험을 통하여 비로소 알게 되는 내적 생활의 신비이다.

4. 영성체의 효과

예수님처럼 십자가와 고통과 멸시를 사랑한 사람은 아무도 없었고 앞으로도 없을 것이다. 예수님처럼 자기 아버지를 공경하고 사랑하는 사람은 없다. 예수께서 영성체로 우리 마음에 들어가시면 이때 그분은 당신의 정신과 경향 등 당신 존재 전부를 가져 오신다. 특별히 우리에게 요구하시고 원하시는 것을 우리 영혼 안에 넣어 주신다. 그렇기 때문에 그분은 마치 음식이 육신에 자양분이 되어 그 성분을 나누듯이, 우리 영혼에게 모든 존엄한 활동을 분배하시고자 분명한 빵의 형태로 자신을 우리에게 주신다. 이것으로써 다음과 같은 결론이 나온다. 즉 우리가 성체를 자주 모실수록 우리는 더욱 더 예수 그리스도의 정신과 사랑으로 충만되어야 하고, 보다 더 고통과 비하를 사랑해야 한다는 것이다. 우리를 당신 안에서 변화시키는 것, 이것이 바로 하늘에서 온 살아 있는 빵의 본질이다. 땅에서 오는 생명이 없는 빵처럼 그것이 우리 안에서 변화되는 것이 아니다. 이 빵은 영성체하는 인간을 초성적 사랑으로 높여 주고, 극기와 자아포기로 인해 인간을 하느님의 사랑과 그분의 뜻과의 완전한 결합에로 인도해 준다.

형제들이여, 우리는 자주 성체를 모시지만 고통이 닥칠 때 얼마나 이에 저항하는지! 예수 그리스도께서 우리 안으로 들어오시고, 새로운 방법으로 우리 안에서 인간이 되신다면 우리가 그분을 모실 준비가 잘 되어 있음을 보실 때에 그분은 우리 안에서 앞서 말한 은총, 즉 십자가에 대한 사랑을 일으켜 주시지 않겠느냐? 예수님을 영성체로 자주 모시면서도 고통을 꺼리는 사람은 이 천상 결합의 뛰어난 작용, 예수께서 지상에서 그토록 사랑하셨던 십자가에 대한 사랑을 느끼지 못하므로 그는 의심할 나위도 없이 그릇된 영성체를 하고 있는 것이다.

오, 하느님! 언제까지나 우리는 본성의 비참한 상태에서 머물러야 되겠습니까? 내 영혼아! 고통이 아니면 죽음을…. 고통없이 사는 것을 부끄러워하여라. 왜냐하면 고통없는 삶은 사랑없는 삶과 같아 보이기 때문이다.

영성체 때 우리에게 허락해주시는 효과와 이익은 넘치는 감각적인 느낌과 위로에 있는 것이 아니며 우리의 이성을 특별히 비추시는 데 있는 것도 아니다. 고통 받고, 자아포기를 원하는 우리 의지의 강하고 영웅적인 결심이다. 우리가 자아포기 안에서 전진할수록 우리는 더욱 더 순결한 사랑 속에서 성장한다.

영성체의 가장 뛰어난 힘은 예수님과의 깊은 결합에 있다. 영혼은 그로 인해 예수님의 모든 처지와 신비에 비슷하게 된다. 신비스런 변화로써 하느님과 비슷하게 된다. 자신의 애착들은 거의 천사적으로 된다. 따라서 그는 하느님의 삶을 호흡하며 살고 하느님의 사랑과 영광만을 추구한다.

본성적인 의도와 행위의 비열함과 불완전함이 나에게는 너무 분명히 보여서 이 본성적인 애착에 아직도 대단히 집착되어 있는 인간의 몽매함을 생각할 때 나는 깜짝놀라게 된다. 이 성사 안에서 자신을 지극히 낮추신 예수님께서는 사랑과 자비와 인자의 기적으로 내 안에서 사시기 위해 나를 초대하시고, 나를 비참한 삶에서 은총에로, 인간적인 삶에서 거룩한 삶에로 들어올리시는 것처럼 나에게는 보인다. 나는 본성적인 생활 안에서 한 순간이라도 머물러 있기보다는 차라리 죽고 싶은 느낌마저 갖게 되는데 이는 잦은 영성체의 효과일 것이다.

우리는 예수님처럼 순결한 지향을 갖도록 끊임없이 노력해야 한다. 만일 우리가 이들을 더욱 신속히 얻기 위하여 영예와 재산과 쾌락을 떠나야 한다면, 형제여, 우리는 이들을 떠나서 그 자리에 가난과 멸시와 고통을 받아들이자. 덕행의 순결함은 나를 매혹하며, 그것을 향해 전심할 수 있도록 나에게 힘을 준다. 나는 그리하여 즐겨 모든 피조물을 떠나며, 어려움들도 견디어 낸다.

《오, 나의 하느님! 당신의 거룩한 은총으로 내 안에서 이 천상적인 변화를 반대하는 모든 것으로부터 나를 빼내 주시면, 저는 본성적이기를 중단하고 은총으로 변화되겠습니다. 언제나 나는 당신과 더불어 하나가 되고 당신 안에서 변화되겠습니까? 그 언제나 내가 내 자신을 잊어버리고 당신 안에서만, 그리고 당신이 완전히 내 안에서 활동하시고 살으시겠습니까? 내가 일생동안 당신 안에서 머물도록 언제쯤 완전히 당신 안으로 잠기겠습니까?

"내 살을 먹고 내 피를 마시는 사람은 내 안에서 살고 나도 그 안에서 산다"(요한 6:56)고 당신이 말씀하셨습니다. 나는 일생동안 당신 안에 머물러 있고 싶습니다. 내가 당신과 함께 결합하게 되면 나는 당신의 신비를 깨닫고 당신의 권고를 따르게 될 것입니다. 또 당신과 함께, 그리고 당신의 비추심으로 인해 당신이 걸으신 길을 보게 되고, 당신의 아버지를 사랑하고, 공경하고, 찬미하게 될 것입니다. 또한 아버지께서 당신이 육화되

신 순간에 우리에게 드러내 보여 주신 것 역시 보게 될 것입니다.》

영성체 때 우리에게 나누어 주신 은총은, 우리 안에 있는 모든 본성적 애착을 끊게 하고 그 자리에 예수님의 정신과 같게 만드는 다른 것들을 심어 주는 것 외에는 다른 어떠한 목적도 갖지 않는다. 내 영혼이 그리스도와 동일하게 되면 될수록 자신은 하느님과의 일치에로 점점 나아가게 된다. 왜냐하면 영혼은 항상 본성적인 애착을 십자가에 못박으시려 하는 예수님의 영에 참여하는 그 도수에 비례하여 순결해지기 때문이다. 진정한 그리스도인과 세속 사람 사이에는 하늘과 땅 사이처럼 얼마나 간격이 있는지! 비추임을 받은 인간의 생각은 이성의 빛에 의해서만 인도되는 사람들의 생각과 얼마나 다른지!

자주 영성체를 함으로써 예수 그리스도를 모시면서도 변화되거나 더 나아가지 않는 사람을 보는 것보다 내가 이 세상에서 더 놀라워하는 것은 없다. 그분의 현존하심이 놀라운 변화를 가져오지 않는다는 것이 어떻게 가능한 일인가? 영성체를 위해 그들에게 충분한 준비가 되어 있었는지 나는 염려스럽다. 그렇기 때문에 나는 나의 모든 신뢰심을 하느님께 두고 하느님의 자비를 끊임없이 구하고 싶다.

5. 영성체로 이루어지는 하느님과의 완전한 결합

그리스도께서 성체성사를 세우실 때에 그 의도를 그분의 마지막 기도에서 분명히 말씀하셨다. "아버지, 이 사람들이 모두 하나가 되게 해 주십시오. 아버지께서 내 안에 계시고 내가 아버지 안에 있는 것과 같이 이 사람들도 우리들 안에 있게 하여 주십시오"(요한 17 : 21).

그분이 아버지와 하나되어 있는 것처럼 우리도 그분과 하나가 되어야 한다. 그분을 보는 사람은 누구나 아버지를 보는 것과 같도록 그분은 아버지와 매우 밀접하게 일치되어 계신다.

우리가 그분의 원의대로 영성체로 인해 예수님 안에서 이처럼 변화를 갖게 된다면 우리를 보는 사람은 누구나 예수 그리스도를 보아야 마땅할 것이다.

성체를 모시는 사람들 중에 이 사랑스럽고 완전한 하느님과의 일치를 생각하는 사람들은 극히 드물다. 그들에게는 예수 그리스도와 동일화되려고 하는 생각이 결핍되어 있다. 그러나 그것은 은총의 작용으로 인해 본성적인 애착을 끊어버리고 그리스도 외에는 아무 것도 인간 안에서 활동할 수 없도록 그 자리에 초자연적인 것을 채움으로써 이루어진다. 만일 어떤 영혼이 이러한 상태에서 성체를 영하면, 그는 현존하시는 예수님과 단순하고 소박하게 결합하여 머물러 있고, 평온한 가운데 그분을 자기 안에서 활동하게 할 것이다. 자신 안에서 헤어나지 못하는 영혼을 예수께서는 당신의 가난과 희생의 삶에로 이끄심으로써 영혼이 더 이상 자기 힘으로 살거나 자기 안에 갇혀 있지 않고 당신과 같아지게 하실 것이다. 이때 영혼은 사도 바울로와 같이 말할 수 있다. "이제는 내가 사는 것이 아니라 그리스도가 내 안에서 사시는 것입니다"(갈라디아 2 : 20).

성체를 모시는 순결한 영혼의 존엄성은 얼마나 큰지! 이 숭고함에 비한다면 다른 모든 것의 숭고함은 얼마나 저속하고 또 얼마나 허무하게 보이는지! 왜냐하면 어떠한 영광도 하느님과 열렬히 결합되어 있는 영광과는 비교할 수 없기 때문이다.

영성체 안에서의 이 결합은 말로써는 이루 표현할 수 없는 것이다. 아버지와 아들이 하나인 것처럼 영혼도 예수님과 하나가 되어야 한다. 예수님은 천주성과 인성으로 완전히 영혼 안에 계셔야 하며, 영혼 안에서 활동하시고 기도하시고 흠숭하시고 사랑하시고 일하시고 고통받으셔야 한다. 그리고 영혼은 모든 것을 예수님 안에서 행해야 한다. 이렇게 하여 예수님과 영혼과의 이 완전한 결합은 그의 모든 활동에 있어서 표현할 수 없는 조화를 이루게 된다. 예수님과 영혼은 진정한 의미에서 모두를 공동소유하게 된다. 하느님이 영혼 안에, 그리고 영혼이 하느님 안에 살고(요한 6 : 56) 활동하기 때문에 영혼은 완전하게 된다. 이 결합은 나날이 성장하고 점점 더 완전하여져 하늘에서 완성될 것이다.

6. 지존하신 성체는 힘과 사랑과 생명이 넘치는 천상 양식이다

예수께서 제자들과 함께 최후의 만찬을 가지신 그 다락방에서, 또 예수님은 그들에게 성령을 보내 주셨으며 그들을 당신의 사랑으로 가득채워 주셨다. 이 다락방은 예수께서 우리에게 두 가지 가장 큰 사랑의 행위를 묘사하신 무대가 되었다.

첫째로는 예수께서 아버지를 통하여 사신 것처럼 우리도 그분을 우리 마음에 받아 모심으로 그분을 통하여 신적으로 살 수 있도록 태고적부터 아버지 품에 계시던 그 말씀, 우리 육신을 취하신 아드님께서 우리에게 주어졌다는 것이다.

두 번째로 성부와 성자의 영이 우리에게 주어져서 그분은 하느님과 영혼의 영원한 결합의 끈이 되어 주셨다. 이렇게 하여 그분은 영혼을 천상적 빛으로 비추시고 거룩한 불꽃으로 태우시며 천상적 힘으로 격려하시어 우리를 완전히 영적인 사랑으로 변모시켜 주신다.

이 두 가지 큰 사건은 우리의 영성체 때마다 반복된다. 우리는 이때 천주 성자의 몸을 받아 모심과 동시에 성령의 사랑으로 충만케 되는 것이다.

극소수의 사람들만이 이 성사 안에서 그리스도와 영혼 사이에 이루어지는 아름다운 결합을 알고 있다. 감각적인 세상은 이것을 깨달을 수가 없다. 그들은 그들의 감관에 보이는 것만을 본다.

세상을 떠나서 하느님만을 위해 사는 영혼들은, 그들이 고독한 가운데 숨어 있고, 그들의 열성은 크지만 외적으로 보이지 않기 때문에 결실을 맺지 못하고 활동하지 않는 것처럼 보인다. 그들은 마치 한번 폭발하면 모든 도시와 마을들을 불바다로 만드는 거대한 불길을 자체 내에 갖고 있는 화산과도 같다. 그들은 고독한 기도생활로 수없이 거룩한 열망을 일깨우고 잦은 영성체로 천상의 불에 자신을 불붙여 하느님과 영혼들을 위하여 사자처럼 용감히 그리고 타오르는 불길처럼 맹렬하게 활약했다. 그들은 큰 죄인을 회개시켰고, 온 지방과 나라를 하느님께 인도했다.

언젠가 나는 성당으로 들어갈 때 다음과 같은 말씀을 노래하는 것을 들었다. "엘리야는 이 음식을 먹고 힘을 얻어 사십 일을 밤낮으로 걸어 하느님의 산에 이르렀다"(열왕기 상 19:8). 이 말씀은, 내가 표현할 수 없이 약하고 가련함에도 불구하고 하느님의 산을 오르기 위하여, 즉 본성적인 애착들을 넘어서기 위하여 이 천상적인 빵을 모심으로 모든 필요한 힘을 공급받을 수 있음을 마음 깊이 확신하였으므로 나는 몹시 감동되었다. 그리하여 나는 예수 그리스도의 영으로 무장하여, 그 누구도 자연적인 힘으로 오를 수 없는 높은 산과도 같은 초자연적인 생명의 완전함에 도달하려 하였다.

그리스도께서는 생명과 힘의 근원으로서 이 성사를 우리에게 주신다. 그것은 우리에게 죄와 죽음의 힘이 감히 누를 수 없는 은총의 생명, 즉 영원한 생명을 나누어 주시려고 당신을 음식의 형태로 제공하게 된 것이다. 주님께서 그것을 친히, 분명하게 약속하셨다. "이 빵을 먹는 사람은 누구든지 영원히 살 것이다"(요한 6:51).

세속적이고 생명이 없고 드디어 썩고야마는 육신의 음식이 육신을 부양하고 생명을 유지해 준다면 영원히 마르지 않는 생명의 샘 안에 감추어진 생활한 빵인 천상의 빵은 어떠한 힘을 갖겠는가!

만일 영혼이 은총과 덕행을 넘쳐 흐르도록 허락해 주시는 이 생활한 음식을 계속하여 모시고 또 항상 모실 준비가 되어 있다면, 그는 항구하게 덕행에 머물러 있게 되고, 영원한 은총의 삶을 끊임없이 자기 안에 갖게 될 것이다.

형제여! 예수께서 영성체를 통하여 가장 본질적이고 인격적으로 그대의 마음 속 깊은 궁방으로 오셔서 당신을 차지하려고 하면 사도 베드로처럼 "주님, 저는 죄인입니다. 저에게서 떠나 주십시오"(루가 5:8)라고 말하지 말고 아가의 신부처럼 "애타게 그리던 임을 만났다네. 나는 놓칠세라 임을 붙잡고…"(아가 3:4) 말하여라: 주여, 당신 친히 내 소유되어 주시니 영원히 내 안에 머무소서.

7. 지존하신 성체는 최고선(善)에의 갈망을 일깨운다

이 고귀한 보화를 누리는 영혼은 마음 속 깊은 곳에서부터 만족하고 평화를 맛보게 된다.

그러나 이 기쁨은 이곳에서는 완전하지 못하고 천국에서야 비로소 완성될 것이다.

지상에서는 아무리 큰 기쁨도 영혼 안에 더욱 큰 갈망만을 일으켜 주는 것이다. 왜냐하면 영혼이 하느님을 즐길수록 그분을 더욱 더 갈망하기 때문이다. "암사슴이 시냇물을 그리워하듯 내 영혼, 하느님을 그리나이다. 내 영혼 하느님을, 생명의 하느님을 애타게 그리건만 그 하느님 얼굴을 언제나 가서 뵈오리까"(시편 41:2-3). 그러나 여기에서 그의 갈망을 가라앉히는 것이 불가능하기 때문에, 영혼은 항상 죽으면서 살고 살면서도 죽는 순교의 고통을 겪게 된다.

사랑하는 이에 대한 그의 갈망이 점점 더 깊어질수록 그의 고통은 아주 감미롭고 감미로움은 순전한 고통이 된다. 그는 모든 피조물로부터 자유로워지고, 그리스도께 대한 사랑의 불꽃이 증가되는 것을 제외하고는 어떤 것에도 아름다움과 감미로움과 매력을 발견하지 못하게 된다. 만일 그가 사랑하는 이에 대한 단어를 하나라도 발견하지 못한다면 그는 어느 책도 읽고 싶어하지 않게 된다. 그리스도의 사랑에 대해 언급하지 않는다면 인간과의 교제는 그에게 견디기 어려운 것이 된다.

나의 하느님! 당신은 내 마음의 가장 깊은 곳을 보십니다. 나는 말로는 표현할 수 없는 것을 느낍니다. 나는 당신의 인자하심을 더욱 더 많이 소유하고자 탄식만 할 뿐입니다. 거룩한 성사 안에서 당신 자신을 나에게 크신 사랑으로 주셨으며 나는 그것을 비길 수 없는 보화로서 깨닫습니다. 그러나 그것은 숨겨진 보화입니다. 나는 당신을 소유하지만 내 마음이 원하는 대로 나는 당신을 아직 맛들일 수가 없습니다. 내 영혼의 상태는 그의 팔에 당신을 안고서 당신을 보고 기쁘게 죽을 수 있었던(루가 2:9) 시므온 노인과도 비슷합니다. 천국에서야 비로소 당신께 대한 나의 갈망이 채워질 것입니다.

그럼에도 불구하고 당신이 원하는 것보다 더 일찌기 그것을 나는 갈망하지 않겠습니다. 당신께 대한 사랑이 당신과의 복된 결합을 향해 노력하도록 밀어 줍니다. 또한 동일한 사랑이 내 자신을 자제하게 하고 당신의 뜻 안에서 침착하고 완전히 순명하도록 느끼게 해 줍니다.

오, 예수님! 내 자신을 당신께 새롭게 드리나이다. 당신이 원하시는 대로 나를 다스리시고 인도해 주십시오! 당신 자신을 내게 주시고 내가 희망한 대로 나에게 자비를 보여 주셨으니 당신에게서 내가 또 무엇을 바라겠습니까? 나는 당신의 현존 앞에서 내가 없어지는 것 외에는 아무 것도 할 수가 없습니다. 내가 그것을 깨달을 수 있는 것보다 더 숭고하고 감추어져 있는 당신의 거룩하신 뜻에 따라 내 안에서 활동하십시오! 존엄하신 하느님께서 미천한 내 안에 거처하신다는 것은 파악할 수 없는 일이기 때문입니다.

하느님의 나라를 마음 속에 모시는 것은 대단히 사랑스러운 일이지만 가련한 이 마음은 극도로 자신을 엄하게 다루고, 또 끊임없이 죽어야 할 결심이 단단히 서 있어야 한다.

하느님만이 자유롭게 다스리시는 마음 안에서는 그 이상 인간적일 뿐인 삶의 모습이 나타나서는 안된다. 그곳에서는 어떠한 세속적 기쁨도 위로도 찾지 않게 되고 그 피조물이 비록 위대한 성인이라 하더라도 어떠한 피조물에게도 더 이상 애착해서는 안된다. 그곳에서는 특별한 감정에 치우치는 것도 용납되지 않으며 한결같은 거룩한 조화가 이루어져야 한다. 그곳에서는 업신여김을 당하는 것과 자아포기, 버림받은 빈곤만을 찾아볼 수가 있다. 그곳에는 십자가에 못박히신 예수께 대한 지식밖에 없으며, 그분의 어리석음 외에는 어떠한 지혜도 없다.

　오, 예수님! 나로 하여금 완전히 당신의 은총에 의존되게 하소서! 내가 끊임없이 당신께 의지하여 당신께 향하게 하소서! 당신은 당신 자신의 삶으로 나를 기르시는 나의 아버지이십니다. 당신은 나의 연약함 가운데 나를 보호해 주시는 나의 힘이시며, 나의 안식처이십니다. 당신은 불안 가운데 나에게 안정을 주시며, 나의 모든 욕망을 잊게 하는 나의 유일한 목표입니다. "오, 순결한 사랑이여! 사랑의 순결함이여!"라고 내가 항상 부르짖을 수 있도록 순결한 사랑을 향해 노력하고 있는 큰 충동을 내 마음 속에서 느낍니다. 복되어라. 당신을 찾는 이, 복되어라. 당신을 차지하며 누리는 이, 그러나 가장 복된 사람은 여기에 항구하고 당신의 기쁨 안에서 죽는 사람입니다.

역자후기

우리는 하느님을 사랑하며 그 사랑 안에서 살아갑니다. 그 하느님 사랑의 작은 빛으로 "가난하신 그리스도를 사랑하는 가난한 동정녀로 그리스도를 관상하며 살았던 성녀 글라라"를 따르려는 저희 성 글라라 봉쇄수도회가 이리 들판에 찾아온 지 8년이 되었습니다. 마침 금년은 성녀 글라라가 성 프란치스꼬의 인도로 '가난하신 그리스도와 거룩하신 어머니 마리아'의 생활과 가난을 살기 시작한 지 777년이 되는 해입니다. 이 뜻있는 해에 이 작은 책자를 소개할 수 있음을 큰 기쁨으로 생각합니다.

이 책은 저희 이리 수도원의 모원이라고 할 수 있는 독일 수도원에서 오랜 세월동안 영적 양식으로 사랑받아온 책입니다. 프랑스 태생의 영적 지도자인 요안느 베르니에 루비니(1602-1659)의 저서인 이 책은 "하느님 안에 그리스도와 함께 숨은 생활"(골로사이 2:20)을 추구하는 많은 이들의 사랑을 받아왔고 신비생활 저서의 진주라고도 불리어 왔습니다. 어쩌면 하느님과의 일치를 위해 자아를 포기하고 그리스도의 생애를 온전히 닮으려 했던 십자가의 성 요한과 '가난하신 그리스도를 품에 안은 동정녀'로 살았던 성녀 글라라의 가르침이 분리가 아니었기에 십자가의 성 요한의 저서들의 총집이요 주해서라고 할 수 있는 이 작은 책이 '글라라의 뜰'에서 사랑받아 왔는지도 모릅니다.

하느님 안에 숨은 생활이 봉쇄 담장 밖의 삶 속에서도 깊이 스며들기 원하는 작은 바람으로 졸역이지만 많은 신부님들의 도움이 있었기에 적지 않은 시간들을 지나서 내어보낼 수 있게 되었습니다. 표현상의 부족함에도 불구하고 이 작은 책이 하느님을 사랑하고 관상하며, 거룩하신 어머니 마리아를 살려는 이들에게 작은 길잡이가 될 수 있다면 하느님께 향하는 또 하나의 작은 찬미가 될 수 있을 것 같습니다.

어느 영성가는 '우리의 기도가 잘되고 있는지 알아보려면 기도 시간 중의 자신이 아닌 기도 시간 외의 자신을 보고 판단하라'고 하였습니다. 그리스도인의 기도의 목표는 하느님과의 사랑의 합일과 그분에로의 변화에 있다고도 말할 수 있을 것입니다. 이 작은 책은 이 방법에 도움을 주리라 믿습니다.

오랜 기간 동안 글라라의 딸들에게 사랑받아온 이 책이 담장 밖으로 나올 수 있기까지 격려해 주시고 도움주신 모든 분께 사랑의 감사를 드립니다.

부족하지만 저희의 작은 기도를 쉬임없이 이 세상과 여러분을 위해서 바치겠습니다. 감사합니다.

1989년 9월 23일

성 글라라 수도원에서

하느님 안에 숨은 생활

지 음 요안느 베르니에 루비니
옮 김 성 글라라 수도원
발 행 가톨릭 크리스챤

    1989년 12월 30일 초판
    2007년 9월 10일 팔판

    142-109
    서울·강북구 미아9동 103-127
    핸 드 폰 016-466-0267
    우리은행 1002-533-493419 한상천
    등   록 1993. 10. 25 제7-109호
    전화 : 987-9333~5, FAX : 987-9334

값 5,000원